U0622059

唯識學叢書

成唯識論

（藏要本影印）

歐陽竟無　編

長江出版傳媒｜崇文書局

圖書在版編目（CIP）數據

成唯識論：藏要本影印 / 歐陽竟無編．
—武漢：崇文書局，2020.10
（唯識學叢書）
ISBN 978-7-5403-6090-0

Ⅰ．①成…
Ⅱ．①歐…
Ⅲ．①唯識宗－研究
Ⅳ．①B946.3

中國版本圖書館CIP數據核字（2020）第154902號

2015年湖北省學術著作出版專項資金資助項目

我思
敢於運用你的理智

成唯識論（藏要本影印）

出　　品　崇文書局人文學術出版中心
策 劃 人　梅文輝（mwh902@163.com）
責任編輯　梅文輝
封面設計　甘淑媛
影印流程　賀天作坊
出版發行　長江出版傳媒｜崇文書局
地　　址　武漢市雄楚大街268號出版城C座11層
電　　話　027-87680797　　郵　編　430070
印　　刷　武漢市金港彩印有限公司
開　　本　880×1230mm　1/32
印　　張　8
字　　數　100千
版　　次　2020年10月第1版
印　　次　2020年10月第1次印刷
定　　價　128.00元

（讀者服務電話：027—87679738）

唯識學叢書第五輯

出版說明

金陵刻經處所刻印的佛教典籍，在業內被稱為「金陵本」；歐陽竟無大師領導支那內學院師生，再從大藏中選出各類最重要的典籍，并廣為收集不同的版本，進行了精湛的校勘整理，編為藏要，特被稱為「藏要本」。「唯識學叢書」第五輯將主要影印出版藏要中的唯識典籍，個別沒有「藏要本」的則用「金陵本」。

唯識學所宗「經」主要有六部：華嚴經、解深密經、楞伽經、如來出現功德莊嚴經（未譯）、阿毗達磨經（未譯）、厚嚴經（一般認為與大乘密嚴經同本）。其中，兩部經未有漢譯本，而華嚴經規模太大不便收入，現將另外三部經合刊，名以唯識所依經三種合刊。

唯識學所宗「論」有「一本十支」之說，「一本」即瑜伽師地論，「十支」有二說，今取其中之一：一、攝大乘論本，二、大乘阿毗達磨集論，三、顯揚聖教論，四、大乘莊嚴經論，五、辯中邊論，六、唯識二十論，七、大乘五蘊論，八、大乘百法明門論，九、唯識三十論，十、分別瑜伽論（未譯）。其中，第十部論乃彌勒菩薩造，但未漢譯；前三部論皆為無著菩薩造，故合刊名為唯識十支論·無著卷。大乘莊嚴經論，當代研究者普遍認為，頌為彌勒菩薩或無著菩薩造，釋論為世親菩薩造；辯中邊論，頌為彌勒菩薩造，釋論為世親菩薩造；現將此二論與六至九這四論合刊，名為唯識十支論·世親卷。此六論，前三種仍以「藏要本」為底本，但后三種因無「藏要本」，故代以「金陵本」或「北京刻經處本」。

在唯識所依經三種合刊、唯識十支論·無著卷、唯識十支論·世親卷這三種外，另影印「藏要本」的成唯識論。

在四本書前，編制較詳細的目錄，依次標明每部經或論的名稱、卷次和品名等。成唯識論共十卷，解釋三十頌，今特將每一頌釋論的起始頁標出。

目録

歐陽竟無敘……三
校勘說明……二五
卷第一……二九
釋第一頌……二九
卷第二……四七
釋第二頌……五三
釋第三頌……六二
卷第三……六八
釋第四頌……七〇
卷第四……九〇
釋第五頌……九七
釋第六頌……一〇七
卷第五……一一三
釋第七頌……一一三
釋第八頌……一二二
釋第九頌……一二五
釋第十頌……一二九
卷第六……一三五
釋第十一頌……一三五
釋第十二頌……一四二
釋第十三頌……一五〇
釋第十四頌……一五三
卷第七……一五七
釋第十五、十六頌……一六二
釋第十七頌……一六八
釋第十八頌……一七二
卷第八……一七九
釋第十九頌……一八五
釋第二十頌……一九四
釋第二十一、二十二頌……一九七
卷第九……二〇三
釋第二十三、二十四、二十五頌……二〇三
釋第二十六頌……二〇五

釋第二十七頌……二〇八
釋第二十八頌……二一〇
釋第二十九頌……二一四
卷第十……二二六
釋第三十頌……二三七
後序……二四六
附錄：唯識三十論……二四九

藏要

第一輯第二十二種

成唯識論

民國十八年十有二月支那內學院校刊

成唯識論 不分品

有唯識學。有唯識論。略談唯識學。見真而了幻。求學究竟在唯識性。思假而智實。入學方便在唯識相。唯識相者。無常而能存無我而能立者也。無常而能存唯變是適。無我而能立唯依是從。變之事則有力有能。風勢無象排山倒海因緣增上一切轉移。力而後變能而後變。剎塵之相是呈。故知變體之剋實字曰力能。變之義則頓起頓滅。剎那不滅即非滅。無間不生即非生。故不頓不足以見生滅。不足以見生滅又烏足以言變。變之相則如幻如夢。如鏡呈形還見自質。如衆燈明相網爲一。此之謂如幻。雖無外境而見村園男女定有其方。雖無彼姝而感不淨直流定有其用。未開大覺長夜顛纏。此之謂如夢。變之妙則相似相續。凡所有相體用因果言一有過言異有過。法爾無過。法爾非一非異名之曰相似等流而相似。異熟以相續相續則非斷。相似則非常。豈第無過而善巧絕倫。凡諸所變因緣分別。分別計執無有因緣有實非虛。無常而能存一變之彌綸而已矣。緣起義是依義。建立末那六識有根依。建立賴耶轉識有共依．轉依於本本依於轉．有若束蘆交依不仆．染淨依於識藏．相見依於自證．因亦有其依緣亦有其依．因果以三法展轉而相依．心所依於心王．諸法依於二十二根．乃至地依金金依水水依風．人物依於大地造色依於大種．法不孤獨而仗托是資．大乘緣無不生心．獨影亦依法起。無我而能立．一依之維繫而已矣。變非刹刹離依依非息息離變．本是幻形緣至斯起．是爲唯識。知彼相幻乃見性真。復修而依轉．變身土以化萬靈．此之謂唯識學。

次談唯識論。世親作唯識三十．未竟長行而生覩史．竺賢十家繼起有作．此土糅集爲成唯識論．是則成唯識論者．唯識學至精至密之論也。應以十門觀其所成。一本頌．二廣論．是二爲所成法。三經．四論．五因明．六毗曇．是四爲如是成。七所對外道．八所對小乘．九西土十家．十奘門諸賢．是四爲能成人。以是讀論觀厥成焉。

一本頌者。二十五頌明境．四頌明行．一頌明果。明境有相有性．八囀聲中第三聲囀名曰由者．乃有五由以詮相性。由說我法是假非實．但依識變有種種相．而此識變有異熟思量了別三能。由轉變諸相及其分別皆不可得．唯識可得．說唯有識。由此識種得餘緣而變．以展轉力強遂生分別。由此業種得識種與俱．以後能續前遂有生死。由計執乃非有．依圓非一異．說有三自性．相生勝義無密說三無性．真如徧於一切．隨相而性說有三．剋實而識性唯一。明行有四位．求住唯識曰資糧．將住唯識曰加行．實住唯識曰通達．修證轉依曰修習。明果有一位四德法身曰究竟。是之謂三分以成唯識。

二廣論者。於三能變中．廣種子．熏習．四分．三依。於分別生中．廣四緣．十因．五果．四生。於生死續中．廣三習氣．十二支．二死。於三性中．廣七真如。於明行中．廣二障．二見．廣十地．十波羅蜜．十一障．愚．十真如．廣四涅槃．四智心品。於明果中．廣自性受用變化三身。上來本廣．諸法建立．於成唯識爲所成法義。以法傳．知法然後知義．知法知義然後乃知唯識。

三經者。瑜伽攝事分由二十四處略攝契經．其一事契經四阿含是．其二聲聞契經十二分教除方廣是、其四大乘契經卽方廣是、是則四阿含者三乘契經之通經也。如增壹阿含具五義故、大乘是佛說。大乘旣成、以證諸義乃免隨一。總成唯識義。證大乘經五、證通經一。其證五者、方便遣執言識似外生而所緣實不離識證厚嚴、三界唯心證華嚴、唯識所現似彼說取彼證深密、法不離心俗故八有別眞故八無別證楞伽、有情隨心證維摩、四智悟唯識證阿毗達磨。其證一者、識變十二處證阿含。別成賴耶義。以教成者證大乘經四、略爲法依具種攝法證阿毗達磨、深細暴流證深密、緣風起浪證楞伽、識名淨無垢證如來功德莊嚴。證通經四、有部密說證增壹、大衆上座化地密說皆證彼部各阿笈摩。以理成者皆證通經、壽煖識互持證三法經、識緣名色證名色經、有情衣食住證四食經、觸俱有受想證十問經、染淨證染淨心經、餘理證經無處得名。應善研求儻補疎漏。別成末那義。以教成者證大乘經一、思量名意七依第八證楞伽。以理成者證大乘經一、意滅縛解證阿毗達磨。證通經一、七與四惑俱證阿含不攝之解脫。會通經一、實有末那方便說六會阿含違。別成心所義。證通經二·三和合觸證阿含起·盡根境作意生識證象迹喻。成八識別別義。種子本有證阿毗達磨及無盡意·種子新熏證多界經·種子本始證阿毗達磨·二分四分證厚嚴·四分攝爲一證楞伽·是爲證大乘經者四·證通經者二。成十二支別別義。識通能所引無愛於惡趣通緣起·違無明生變易證勝鬘·變易是無漏通十地·違。成三性別別義。見真乃了幻證厚嚴·三與五性相攝通楞伽·違·是爲證大乘經者二·通大乘經者二·通通經者一。成見修別別義。四度助前六證深密·聲聞無涅槃通勝鬘·違·後智有二分佛現身土影佛緣三世法證佛地·佛心恆在定證無垢稱·無常轉常蘊證涅槃勝鬘·佛功德非界通般若·違。成三身別別義。真如是法身自性無生滅等智現身菩薩成智變化三業觀智說法斷疑證佛地·變化有依他心證深密·令化人皆有心證涅槃。統括全論·所證大乘爲十有一·固不必局於唯識但是六經。所證通經爲十有五·亦不可忽於通經但研唯識。所見會違大四通二·又不可死於成言進退維谷。

四論者。一立義引證，二法門依組，三會通諸違。一法諸法之義一家諸家之義，皆一論多論之證一句多句之證，全書俱是觸處即然，不必徵詳但當知例，是爲立義引證義。攝彼論散組此論聚，摩呾理迦是其體例。此論取組雖十一論，而大論集論攝論爲作者殊特所依，蓋十支之本毗曇之終唯識之始，有固然也。組賴耶多依大論集論，組賴耶種子熏習多依攝論，組賴耶五教十理多依攝論大論。組末那多依大論集論，組末那六義多依攝論。組了別多依大論，組五十一心所多依大論集論攝論而顯揚百法五蘊以類而賅。組所變則多依二十唯識。組四緣十因依大論。組十二支雖依緣起論而亦多依大論。組三性多依大論集論攝論。組四位多依大論攝論，深密雖經實亦屬於大論。組果位雖依佛地而亦多依攝論。研唯識學但憑大論，迹其自違益增迷悶，但憑集論，誤彼隨順或墮小知，但憑攝論，聊得端倪烏能深刻。今乃有此成唯識論，百鍊千鎚成爲利器，固法門最後之作品，亦學者神魂之依歸。是爲法門依組義。會通諸違者。會末那中違，其於種現俱有義，隨順經部種滅現生集論說無種已生。其於根非業種義。爲破經部實有色根二十唯識觀所緣緣就彼發識勝因假名種子功能。其於開導屬心義。奪小因緣而縱其無間攝論說色有等無間緣。其於末那應隨惑義。各據別義集論說五。五十五說六。五十八說十。會了別中違。其於五識三性俱起意視偏注不注起義。七十六說意同五但言意緣五境不說同性。其於五俱意受唯苦樂義。對法隨有部說慽。六十六隨大衆上座。五十五第五隨經部化地均說地獄憂俱。會心所中違。心所位六。大論隨惑合一而說位五。觸三和變異。就引起勝集論但說於根。受想諸行以觸爲緣。就行主勝大論但說於思。就生近勝集論但說於受。慚愧以崇拒判。對法顯揚但依緣起假說自他無癡別有其性。集論就因果顯說體爲慧。六十三說欲界於善但缺輕安。五十五就增勝緣說唯六起。六十九就尋伺地說通一切。第一第五尋伺唯意。五十六就五俱意能引五起說五與俱。會四緣中違。十因二攝。就牽引因緣勝菩薩地說屬能生。就牽引去果遠尋伺地說屬方便。會十二支中違。識是所引。集論依業種名識說識能引。業及五種轉名爲有．就正感果第十但說一業．就親生當來五與三十八但說識等五．唯愛望於取有望於生是因緣義．集論假業種爲無明說無明望行亦爲因緣．大論又依愛取現行有屬業種說諸支相望乃無因緣。會三性中違．唯六七識是徧計執．楞伽中邊說八分別而非是執．攝論中邊似二取現而非一切．七十八五十一雖八緣計而非說唯。會四位中違．眠斷見眞眞後見相．顯揚方便假說世第一法無間生相而斷隨眠。會果位中違．佛身亦蘊而純無漏．集論依小說十五界皆唯有漏．等成皆報．攝論依似智現說二智屬化．佛不思議．九十八但依餘處說四事不化。總上會違．乃知正義不先明多食而多疾．方便不知指一義而一窒．淵哉違會．教乃無不通之法．法乃無不權之妙歟．誰有智者而不學此。

五因明者。大覺世尊常不離於現觀．有音即成至教。非佛立言．皆憑比量。是故證成道理．若因若緣能令所立所說所標義得成立．令正覺悟．若欲悟他能立之餘又必能破。能立能破設例紛紜．統緒研求應別爲學．今讀唯識．但略取要約爲十事。一正立量。例如唯識四立量．一量極成眼等識不親緣離自色等五隨一故如餘．二量餘識亦不親緣離自諸法識故如眼等識．三量此親所緣定非離此二隨一故如彼能緣．四量此親所緣決定不離心心所所緣法故如相應法．奘師融四立一．真故極成色定不離眼識自許初三攝眼所不攝故同喻如眼識異喻如眼根。有此五量唯識極成．學建立宗宗建立法法爾立量．揭櫫昭明須彌不動。二不組量。有宗有因．演而伸之成無數量．不勝紛煩約爲理破。例如破數論本事能成自性．文但有八量則有十．破二十三諦展轉有二十三量．總計所破．就文未推猶尙合有六十一量。三無次第。性相爲文故無次第．解因明者許是事故．全論體例應審思准。例如破犢子我量．許依蘊立非卽離蘊應如瓶等非實我故．初因次喻後宗顚倒無敘有如此矣。四多因一量。一因能立多亦能立．多因成多理．多理成多方。例如十理成初能變中有量．謂眼等識非異熟心．有間斷故非一切時．是業果故．如電光等．此量則有二因。又此中有量．謂諸轉變識非可熏習不能持種．非染淨種所集起心在滅定時有間斷故．

根境作意善等類別易脫起故。不堅住故。如電光等。此量則有三因。或一一因皆成三法。或三種因如次成三法。逆次超間合二任作准知。又如大乘是至教量攝。其量則有五因。顯然共悉不煩引矣。五成因後立量因犯隨一缺無能立量成因已。用已成因成未成宗。獲果雖遠而方便有門。例如破小有對色中量。先以有礙無礙有方分無方分破極微非實。破極微已卽用微非實因成有對色非實有宗。依因立量卽免隨一。又如破正量部動色量。動非實有纔生卽滅無動義故。此因隨一故必成因。乃謂有爲法滅不待因故滅。若待因應非滅故。則滅因已成。以成動無義乃無過。六破敵立量及破敵破量。破敵立量者。例如十理成初能變中量。有執大乘遣相空理爲究竟者論謂其立似比量。蓋真性有爲空此不許彼勝義而顧說空犯隨一過。有爲無爲約俗俱有。非空不空約真獨無。而乃說空自教相違。名似比量也。破敵破量者。例如廣一切種中假實量。敵之破量種與諸法既非一異應如瓶等是假非實。破其破量。真如與法非一非異應如瓶等是假非實。許則無真。約誰說俗。七雙徵破者。

徵設兩端、若不得解進退無據、凡諸經論破理皆然、若細組立一一皆量。例如破小乘我執三計中、有四雙徵成八比量、初有思慮無思慮徵破立二量、次有作用無作用徵破立二量、三我見境非我見境徵破立二量、四我見境我見不緣非我見境我見不緣徵破立二量。八極成寄言。所爭在互差不離之性所不許義、非在有法能別之所依、所依極成乃得用以諍義、所依有過先須寄言簡離。例如初能變十理中量、極成意識必有不共顯自名處等無間不攝增上生所依極成六識隨一攝故如眼等識、此量意識所別有過能別有過、後身菩薩不善意他所別不成、他方佛意自所別不成、故須簡之寄極成言、能別不成有五、一不共簡八共依、二顯自名處簡上座胸中色物、三無間不攝簡次第滅意、四增上簡因緣種子依、五生簡七與八非親生依簡七與五非相近依、若不置簡有五所立不成。九汝執寄言。敵量多過、但述彼言而不加簡、則墮彼中無能自拔、是故牒敘汝執寄言、若云此量汝立非於我宗也。例如破三執我中量、執我常徧量同虛空應不隨身受苦樂等、此量有法之我所別不成．常徧之因亦犯隨一．若不寄言但依量引．有我即違自宗無我犯自所別．以一執言貫宗因喻一切俱離。十自許寄言。自量有過若不加簡．先自墮負焉能悟他。例如五教成初能變中成大乘是佛說一量．諸大乘經至教量攝樂大乘者許能顯示無顛倒理契經攝故如增壹等．因中若不自許寄言．必如勝軍論師兩俱極成非諸佛語所不攝因有自不定．人即出過．爲如發智兩俱極成非佛語所不攝故汝大乘教如自所許發智非佛語耶．爲如增一等兩俱極成非佛語所不攝故大乘是佛語耶．故必自許寄言．而後六足置簡大乘經成。

六毗曇者。以種種法較於一法．使法極成．佛時所許．議論之至精者也。本頌毗曇。成三能變異熟以十門成．所謂自相因果行相相應三性三受緣轉伏斷．是也．思量以十門成．所謂名與依緣．性相．染．應．三性．三界及與伏斷．是也了別以九門成．所謂差別．自性．行相．相應．三性．三受．依轉．起滅．是也．是所謂根本唯識成也。二廣論毗曇。唯識以九難成．所謂唯識所因難．世事乖宗難．聖教相違難．識性成空難．色相非心難．

現量違宗難、夢覺相違難、外取他心難、異境非唯難是也。賴耶以十理成、所謂持種、異熟、心趣、生執受、識生死、緣依食、滅定心、染淨、是也。末那以六理成、所謂不共無明、意法爲緣、思量名意、二定差別、無想天染、三性帶執、是也。心所成以性地時俱四一切、王所非一非異也。徧行以二門成、所謂名體也。別境以五門成、所謂名體、獨並、識別、受應、是也。善以十四門成、所謂名實、攝餘、廢立、多少、假實、俱起、識別、受俱、別境、相應、性、界、學斷、是也。煩惱以十四門成、所謂名體、俱生、自類、識、受、別境、相應、性、界、學斷、事、漏、地等、是也。隨惑以十五門成、所謂名體、假實、俱生、分別、自應、識、受、別境、根本、性、界、學、斷、事、漏、等門是也。不定以十四門成、所謂名體、假實、自應、識、受、別、善、惑、隨、性、界、學、斷、是也。其別別成者、廣三能變中、十門成種子、所謂出體、一異、假實、二諦、四分、三性、本始、六義、生引、內外、是也。八理成熏、所謂堅住、無記、可熏、能合、生滅、勝用、增減、所合、是也。五義成第四分、所謂皆證、有果、現量、唯內、具能、所緣、是也。四義成俱有所依、所謂決定、有境、爲主、令取自緣、是也。廣分別中、三門成四緣、所謂十五依十因五果是也。廣生死中二十門成十二支．所謂引生．廢立．定世．假實．事．染．獨雜．色．漏．爲．性．界．治．學．斷．受．苦．諦．緣．及與攝等．是也。廣識性中十一門成三性．所謂空．滅．七如．六法．五事．四實．四諦．三解．二諦．智境．假實．異不異等．是也。廣行中五門成二障．所謂名．體．見修．乘．及伏斷．是也．十三門成波羅蜜．所謂名．體．及相．增減．次第．釋名．修．攝．開合．果．學．現．種．分位．是也．八門成四智心品．所謂差別．多少．攝．用．轉．得．位．種．緣．用．是也。廣果中七門成三身．所謂別相．五法．功德．二利．土．機．識．變．是也。是所謂推廣唯識成也。著述有體．無易由言．若欲釋經．摩呾理迦．應遵類聚．若欲宗經．阿毗達磨．應效分別．先型具在．法安得誣．奈何拘文牽字．羣籍不羅．樓閣憑空．唯吾與至．而栩栩然自以爲得計也哉。

七外道者。九十六種稱最超邁．數論勝論。數論計神我是思．受用一切．非本非變。自性三德無爲常住．而用增勝．能生諸諦．是本非變。三德生大．大生我慢．慢生地水火風空五大．聲觸色味香五唯．大唯又初生眼耳鼻舌皮五知根．次生口便手足五作業根．次生心根．名二十三諦．是變非本。三德生諦而神我爲其擾亂．厭諦修道自性斂用而神我因之解脫。勝論計地．水．火．風．空．時．方．我．意．名爲九實。色．味．香．觸．數．量．合．離．彼此．別性．苦．樂．覺．欲．瞋．勤．重．液．潤．行．法．非法．聲．名爲二十四德。取．捨．屈．伸．行．名爲五業。實體以德顯．德體以依實．微業時方現比用等諸法而顯．業體以微礙合離而顯。總實德業共詮緣因名同．六句名有。別一實中或德業中又或實別別地中．總望自望他爲總同異．別望自望他爲別同異．名爲同異性．六句名異。能使實德業三屬而不離．名爲和合。實常．而地水火風子微以上者無常．實唯空時方我無礙．二微以上皆礙．凡父母微皆比量得．子微以上方現量得。論說數論執諸法與大有等性其體定一．勝論執諸法與大有等性其體定異．是則一爲轉變．異爲積集。思想趨徑類感而同．積集之風多及於歐西．轉變之風每尙於震東。震東蔓延幾於無處不然無思不爾．濫觴於道法自然．汎流於太極兩儀．而波及於六粗三細。八種識蘊．各自有種．各自感現．各別相用．爲緣增上則有之矣．亦復誰能生誰．而說六粗生自三細。憑彼風倘逞彼思潮.衆口鑠金習非成是.於此唯識緣起之思施以回生甘露.反若夜光按劍疑謗叢生.諸佛說爲大可憐愍者。數勝流毒一至於此.論固有所破.初破數論破二十三諦破三德.次破勝論.破常無常破實德破大有同異和合。復次大自在天體常生法.聲生聲顯常住能詮.四大極微能生粗色色等因量無常而實.一切皆破。更有部執犢子我蘊非卽非離.一例而非。

八所對小乘者。聲聞具一切智.不具道相智一切種智.攝論說彼雖離賴耶而智得成。菩薩求智.正在道相.而趨向在一切種.是故此論所成一唯有識二殊特賴耶三殊特末那.對彼小乘獨詳三事.餘事爲兼。佛後二十部.熏炙五天唯一切有.溝通向大經部不無因緣.故論所對獨詳二部.餘部唯兼。一唯有識者。離識無別實色.而部執諸色離識都真.一極微二根境三表無表.經部極微有方分有礙.處假微實實隨於假.有部極微無方分無礙.七微展積成大皆實.論固有所破.先破有方分.後破無方分。有部大造根塵塵仍體實.經部微成根塵根塵皆假.其立識所緣.有部則積微和合相或集已相資相．經部則和合似色相．正量則但能生識直取前境．論固有所破．先破內處．後破外處所緣。有部身業形色極微．經部身業非顯非形心所引生能動手等．正量身業唯是一動．是爲表色．大衆法密身勇身勤．上座胸中色物．是爲無表色．論固有所破．先破其表．後破無表。復次離識無別實不相應．而有部所執厥有其六．一執得非得實．有爲屬所得．擇滅屬道而通漏．非擇屬世所依．二執衆同分實．言智事欲同則斯起名人同分．正理新師別立法同分．三執命根實．唯命能持身唯業能持命．無色無心此界彼心界趣生體無不賴於命根．四執三無心實．必有實體遮心不起．五執三相實．三法又各有三．古用前後別起．新則三用俱時．但待因緣起不必頓．六執名句文實．異聲有體．聲上屈曲能詮於義．是爲有部六執．論固有所破．委細周詳不能繁述。大衆四部執隨眠體論既理破．成實無表戒．正量不失券．正理和合性．例之而已。復次離識無別實無爲．有部三無爲擇非擇空．或一或多．大衆四部及與化地皆九無爲．除四空定不動三性兩相離異餘一切同．而皆說緣起無爲．

論固有所破、初破一多、後準前例。二殊特賴耶者。三相十理諸部所無是稱殊特。二十部執唯獨經部思想超邁立種子名、然知種子而不知有賴耶、多過唐勞與諸部等、經部熏種、厥有二義、一前後熏、前念之識熏於後念、二同類熏、但識類可熏不論眼耳、其前義略與上座一法二時相似、其後義略與大衆六識俱轉相似、經部持種、色根中有心及大種、心心所中有色根種、色心更互相持、六識轉變相持、異法各各種、共生於一果。有部無種無熏持、而以命根衆同分爲身之所依、但同類因而皆可生、譬如蘊類、心色互牽、善惡互引、又三世並有、後識還起、如隔日瘧、以較經部粗疏太甚、摧枯沃雪、焉能須臾。大衆無淨種、心性以爲因、復立根本識、化地立窮生死蘊上座立有分細識、而獨不立賴耶何耶。一切法門大乘唯妙、大乘善巧巧於賴耶、三相十理與彼小義一一對觀、生解空迷、旦暮間事。復次種子六義對小詳立、對大衆緣起無爲立剎那滅、對經部上座前後念立果俱有、對經部六持種立恆隨轉、對有部善惡類立性決定、對有部色心類立引自果、對有部三世恆立待衆緣。四分義中、十九部皆無自證者，彼之所緣此似外境，彼之行相此之相分，彼之事體此之見分，故無第三分也。三特殊末那者。無明恆行而經部依六則斷，意爲六依而上座物色非心，思量必現而有部過未體無，無想有染而有部初後無中，三性帶執而有部緣縛大衆隨眠經部種生一切難通安能說理，立有末那一切無過，此之所謂殊特也。復有餘事大小乘異在心所門。觸是實非假經部心所惟受想思，作意徧行攝有部迴趣異境或於一境，受不緣俱觸有部俱觸爲自性，受捨受招無記有部寂靜但招善，欲但樂境非諸法本有部心取所緣皆由希望，解印境決定有部但無拘礙皆有勝解，念起必於習境有部心起念俱，定起必專注有部亂心微定起，慧擇要不昧有部昧心微慧起，信必樂善上座但愛樂大衆但隨順。更及十二支，大乘一重因果，有部設二。觀其所異而邪正判矣。

九西土十家者。十家本籍都不獲觀，但就異義得覩片鱗，即彼片鱗猶基說是甲身測說出乙體，五里霧中判精粗文彩，讀者於此可謝無能矣，晉用楚材禮失求野，丹珠藏中安慧唯識釋猶然存在．用勘斯論．一切昭明。若者爲論所糅．若者述記不合．十家之説難窮．安慧之真斯在．江漢得望．沮漳不王可也。雖然．吾猶當以述記十家異義委悉披陳耳。十家異義有二十一．爲總論一．識變一．初能變八．二能變五．三能變三．識性三．次第陳之。一爲何造論．火達空知性．護破邪顯理．安證空斷障菩提涅槃。二識變於我法．難內似外境卽我法．護相見依自而施設。三種子本始．難熏習而生．護熏本而起．護月本有在十家外。四行相四分．安自體一分．難相見二分．護證自四分．陳那自證三分在十家外。五居士誰變．難現居當土．護自地生者。六變他根塵．安亦變根．護唯變塵。七觸等所同．難一切同八．護諸門隨應。八不退菩薩．難初地．護八地。九七依賴耶．難唯種．護亦現。十種子生果．難滅已方生．護種果同時。十一眼等五根．難謂卽種．安謂非種。十二八俱有依．淨謂是七．安謂無依。十三識開導依．難五依七．六依前六．安則五依前六．六依自及七八．七依自及六．八依自及六七．護則八皆依自。十四末那緣八．火謂見相．難謂體及相應．安謂種子．護謂見分。十五末那染淨、安唯煩惱障俱、護有出世末那。十六別境心所起、安俱、護不俱。十七滅定下起、難斷八地修、安唯四地惑。十八五起等無間、難漏無漏互起、護無漏不起漏。十九所徧於計執、難所徧卽計執、護謂增益方謂執。二十能徧於諸識、安王所漏皆計、護我法唯六七。二十一二分於二性、安唯計執、護亦依他。

十奘門諸賢者。唯識學雖源策於西土、而光亙於東方。戒日無遮立不傾於一量、玄鑒金牒論得糅夫十家、可謂西則自護法而終、東則自奘門伊始矣。然糅彼十家成茲一論、議乃創於窺基、而師說多聞、又復詳於述記、是則治成唯識論者、當奉窺基述記爲玉律金科也。述記羽翼有樞要別鈔法苑義林、述記參詳有雜集述記瑜伽略纂、至其弘五性、善因明、則法華玄贊因明大疏、諸多有作、亦唯識之附庸支流、百本多亡、要籍尚在、自足精研矣。述記文隱、讀不終篇、疏別披尋、又資多籍、於中獨最推靈泰疏鈔、明釋本文、更窮源委、其特色也。義猶未盡、則智周演秘道邑義蘊亦自可珍、如理義演、廣集諸說、勒爲一書、亦復時見別義。以上列籍、皆就自說分疏、若復折衝禦侮。披拓見真。大將詞鋒一門強幹。自非淄州惠沼作了義燈。亦復誰能任此。此書原意不過自固其家。觀兵列敵。而諸家學說如圓測、普光、慧觀、玄範、勝莊、義寂、道證、憬興。本籍已亡。悼難知概。反復因茲旁引略見其涯。文獻說禮猶賴有此。義林有補缺之篇。五姓有慧日之論。附庸亦復兼護。支流亦復決排。勞苦功高。豈伊一哉。奘門多賢。然能與基對敵者新羅圓測耳。故慈恩派外有新羅一支。圓自多妙不滅道洪。書存無幾。如解深密疏、仁王經疏。皆非其重要之作也。若夫義寂、勝莊、泰賢、元照之倫。義解平平。時從外說。況餘自鄶。又奚足觀。然於此論存泰賢學記。摽輯諸家義豐文約。既諗古賢。又便誦讀。堪與如理把臂入林矣。

成唯識論校勘說明

一．是書校歷三週．一譯校．二類校．三刻校。

二．譯校對勘頌文．凡用三種異本。(一)梵本．三十唯識頌．(安慧釋牒文抄出) (二)藏本．勝友等譯三十論頌．(三)陳本．眞諦譯轉識論牒文。

三．譯校對勘凡有二例。(一)以梵文頌式格量奘譯．并旁證轉識論．凡奘譯字句增損顛倒可斷其爲改作者．悉註出曰．勘梵藏本云云．轉識論云云．今譯云云。(二)三本異文疑係傳誦各別者．亦爲註出曰．梵藏本云云．轉識論云云。

四．類校對勘長行．凡用五種異本。(一)梵本．安慧三十唯識釋．(二)藏本．勝友等譯安慧三十論釋．(簡書譯本) (三)藏本．勝友等譯律天三十論疏．(簡稱註疏) (四)陳本．眞諦譯轉識論．(五)疏本．唐基師成唯識論述記。

五．類校對勘凡有七例。(一)安慧釋頌章段．悉就頌文乙出．長行例知．不別加註．但於每段生起異同．悉爲註記。(二)奘譯糅雜安慧釋文者．悉爲註出曰．此句此段糅安慧釋。(三)述記所傳安慧等說勘安慧釋互有同異者．亦爲註出曰．述記某卷云云．勘安慧釋云云。(四)奘譯糅文多經潤飾．有處原意參差晦失者．亦爲註出曰．勘安慧釋意或原釋云云。(五)安慧釋義奘譯未糅者．亦擇要註出曰．安慧釋云云。以上各註皆參照律天之說寫定．文不別標。(六) 轉識論爲安慧以前之三十論舊釋．今亦對勘異同註出曰．此句此段同轉識論．或轉識論云云。(七)長行章句無梵藏本可勘者．悉依述記刊定。其有廣釋別辨大段．亦參酌文義．悉爲區分。

六．刻校用南宋刻爲底本．對勘麗刻明刻及述記牒文．確審爲訛略者．乃改正附註曰．原刻云云．今依某本云云。

七．刊本款式．今略改動以醒眉目．其例如次。(一)頌文次第．逐頌記數。(二)長行大段正釋頌文者頂格．廣釋別辨者低格。(三)文中分讀用小點．絕句用大點．斷段用圈。(四)外人申難．用⊙分段。(五)各家異義．逐段旁註一解二解等。(六)引用書名。旁標短線。

八。本書校勘資料出處如次。

(一)梵本三十唯識頌。Triṁśikāvijñaptikārikā.

(二)梵本三十唯識釋。Triṁśikāvijñaptibhāṣya. 以上二種合本。Vijñaptimātratāsiddhi, pp. 13-45. 法人萊維氏 Sylvain Lévi 校刊。一九二五年。巴黎版。

(三)藏本三十論頌。Sum-cu-paḥi tshig leḥur byas-pa. 曲尼版丹珠。經解部。çi 字函。一頁至三頁上。

(四)藏本三十論釋。Sum-cu-paḥi bçad-pa. 曲尼版丹珠。經解部。çi 字函。一五○頁下至一七五頁下。

(五)藏本三十論疏。Sum-cu-paḥi ḥgrel-bçad. 曲尼版丹珠。經解部。i 字函。一頁至五十六頁下。

(六)陳本。轉識論。　金陵刻經處刊本。

（七）疏本·成唯識論述記。金陵刻經處刊本。

（八）本書南宋刻、麗刻及明刻。悉依日本大正大藏經本之校註。

成唯識論卷第一

護法等菩薩造

唐(一)三藏法師玄奘奉詔譯

稽首唯識性　滿分清淨者。　我今釋彼說　利樂諸有情。

(一解(二))今造此論爲於二空有迷謬者生正解故。生解爲斷二重障故。由我法執二障具生。若證二空彼障隨斷。斷障爲得二勝果故。由斷續生煩惱障故證眞解脫。由斷礙解所知障故得大菩提。(二解(三))又爲開示謬執我法迷唯識者。令達二空於唯識理如實知故。(三解(四))復有迷謬唯識理者。或執外境如識非無。或執內識如境非有。或執諸識用別體同。或執離心無別心所。爲遮此等種種異執令於唯識深妙理中得如實解故作斯論。(五)若唯有識云何世間及諸聖教說有我法。頌曰。

(六)由假說我法　有種種相轉。(七)　彼依識所變。(八)　此能變唯三。(九)

謂異熟思量。　及了別境識。(一〇)

(四)此段糅安慧釋第三解。述記卷一謂是護法等說。有誤。原釋不敘諸識體同及離心無所一執。又此有無意指勝義有世俗有而說。(五)安慧釋無此生起文。(六)梵藏本此句云我法之假說。無此由字。(七)梵藏本無此相字。(八)勘梵藏本此所變及次能變皆云轉變。prināma, gyur-pa 無能所字。轉識論云識轉。是也。今譯增文。(九)梵藏本作又字。(一〇)勘梵藏本云境之了別。無此識字。次第三卷長行牒文亦云了境。今譯增文。

論曰．(一)世間聖教說有我法但由假立非實有性。我謂主宰．法謂軌持。彼二俱有種種相轉。(二)我種種相謂有情命者等．預流一來等．法種種相謂實德業等．蘊處界等．轉謂隨緣施設有異。如是諸相若由假說．依何得成。彼相皆依識所轉變而假施設。識謂了別．此中識言亦攝心所．定相應故。一解(三)變謂識體轉似二分．相見俱依自證起故．依斯二分施設我法．彼二離此無所依故。二解(四)或復內識轉似外境．我法分別熏習力故諸識生時變似我法．此我法相雖在內識而由分別似外境現．諸有情類無始時來緣此執為實我實法．如患夢者患夢力故心似種種外境相現．緣此執為實有外境。(五)愚夫所計實我實法都無所有．但隨妄情而施設故說之為假．內識所變似我似法雖有而非實我法性．然似彼現故說為假。(六)外境隨情而施設故非有如識．內識必依因緣生故非無如境．由此便遮增減二執。境依內識而假立故唯世俗有．識是假境所依事故亦勝義有。

(七)云何應知實無外境唯有內識似外境生。實我實法不可得故。如何實我不可得耶。

諸所執我略有三種。一者執我體常周偏量同虛空隨處造業受苦樂故．二者執我

(一)此句糅安慧釋．原釋意謂頌文具足應言世間聖教中我法假說也。 (二)此二句糅安慧釋．原釋以此解彼依識變句．無此相字又無預流等實德等二語。 (三)述記卷二謂此段有安慧說．但勘安慧釋云．此二假說皆依識變．非依實我實法．何以故．諸法及我離識變外無所有故．無此相見二分等語。 (四)此解同轉識論．又糅安慧釋．述記卷二謂是難陀等說．勘原釋無明文。 (五)安慧釋．此段釋我法假說。 (六)此二段糅安慧釋．原釋次序

其體雖常而量不定。隨身大小有卷舒故。三者執我體常至細如一極微。潛轉身中作事業故。初且非理。所以者何。執我常徧量同虛空。應不隨身受苦樂等。又常徧故應無動轉。如何隨身能造諸業。又所執我一切有情爲同爲異。若言同者。一作業時一切應作。一受果時一切應受。一得解脫時一切應解脫。便成大過。若言異者。諸有情我更相徧故體應相雜。又一作業一受果時與一切我處無別故應名一切所作所受。若謂作受各有所屬無斯過者。理亦不然。業果及身與諸我合屬此非彼不應理故。一解脫時一切應解脫。所修證法一切我合故。中亦非理。所以者何。我體常住不應隨身而有舒卷。既有舒卷如橐籥風應非常住。又我隨身應可分析。如何可執我體一耶。故彼所言如童豎戲。後亦非理。所以者何。我量至小如一極微。如何能令大身徧動。若謂雖小而速巡身如旋火輪似徧動者。則所執我非一非常。諸有往來非常一故。又所執我復有三種。一者卽蘊。二者離蘊。三者與蘊非卽非離。初卽蘊我理且不然。我應如蘊非常一故。又內諸色定非實我。如外諸色有質礙故。心心所法亦非實我．不恆相續．待衆緣故。餘行餘色亦非實我．如虛空等非覺性故。中離蘊我理亦不然．應如虛空無作受故。後俱非我理亦不然．許依蘊立非卽離蘊．應如瓶等非實我故。又既不可說有爲無爲．亦應不可說是我非我。故彼所執實我不成。又諸所執實有我體爲有思慮爲無思慮．若有思慮應是無常非一切時有思慮故．若無思慮應如虛空不能作業亦不受果．故所執我理俱不成。又諸所執實有我體爲有作用爲無作用．若有作用如手足等應是無常．若無作用如兔角等應非實我．故所執我二俱不成。又諸所執實有我體爲是我見所緣境不。若非我見所緣境者．汝等云何知實有我。若是我見所緣境者應有我見非顛倒攝．如實知故．若爾如何執有我者所信至教皆毀我見稱讚無我．言無我見能證涅槃執著我見沈淪生死．豈有邪見能證涅槃正見翻令沈淪生死。又諸我見不緣實我．有所緣故．如緣餘心。我見所緣定非實我．是所緣故．如所餘法。是故我見不緣實我．但緣內識變現諸蘊隨自妄情種種計度。然諸我執略有二種．一者俱生．二者分別。俱生我執無始時來虛妄熏習內因力故恒與身俱。不待邪教及邪分別任運而轉故名俱生。此復二種。一常相續。在第七識緣第八識起自心相執爲實我。二有間斷。在第六識緣識所變五取蘊相或總或別起自心相執爲實我。此二我執細故難斷。後修道中數數修習勝生空觀方能除滅。分別我執亦由現在外緣力故非與身俱。要待邪教及邪分別然後方起故名分別。唯在第六意識中有。此亦二種。一緣邪教所說蘊相起自心相分別計度執爲實我。二緣邪教所說我相起自心相分別計度執爲實我。此二我執麤故易斷。初見道時觀一切法生空真如卽能除滅。如是所說一切我執自心外蘊或有或無。自心內蘊一切皆有。是故我執皆緣無常五取蘊相妄執爲我。然諸蘊相從緣生故是如幻有。妄所執我橫計度故決定非有。故契經說苾芻當知世間沙門婆羅門等所有我見一切皆緣五取蘊起。實我若無。云何得有憶識誦習恩怨等事。所執實我既常無變。後應如前是事非有。前應如後是事非無。以後與前體無別故。若謂我用前後變易非我體者。理亦不然。用不離體應常有故。體不離用應非常故。然諸有情各有本識一類相續任持種子與一切法更互爲因熏習力故得有如是憶識等事。故所設難於汝有失非於我宗。若無實我誰能造業誰受果耶。所執實我既無變易猶如虛空如何可能造業受果。若有變易應是無常。然諸有情心心所法因緣力故相續無斷造業受果。於理無違。我若實無誰於生死輪迴諸趣。誰復厭苦求趣涅槃。所執實我既無生滅如何可說生死輪迴。常如虛空非苦所惱何爲厭捨求趣涅槃。故彼所言常爲自害。然有情類身心相續煩惱業力輪迴諸趣。厭患苦故求趣涅槃。由此故知定無實我。但有諸識無始時來前滅後生因果相續由妄熏習似我相現。愚者於中妄執爲我。如何識外實有諸法不可得耶。外道餘乘所執外法理非有故。(一)外道所執云何非有。且數論者執我是思受用薩埵剌闍答摩所成大等二十三法。然大等法三事合成是實非假。現量所得。彼執非理。所以者何。大等諸法多事成故如軍林等應假非實。如何可說現量得耶。又大等法若是實有應如本事非三合成。薩埵等三即大等故應如大等亦三合成。轉變非常爲例亦爾。又三本事各多

(一)此下廣破外道法執。安慧釋均無文。勘廣百論釋卷六卷七破根境等品。文義略同。則此亦是護法之說也。

功能體亦應多，能體一故。三體既徧，一處變時，餘亦應爾，體無別故。許此三事體相各別，如何和合共成一相。不應合時變爲一相，與未合時體無別故。若謂三事體異相同，便違己宗體相是一。體應如相，冥然是一。相應如體，顯然有三。故不應言三合成一。又三是別，大等是總，總別一故，應非一三。此三變時，若不和合成一相者，應如未變，如何現見是一色等。若三和合成一相者，應失本別相，體亦應隨失。不可說三各有二相，一總二別。總卽別故，總亦應三。如何見一。若謂三體各有三相，和雜難知，故見一者。既有三相，寧見爲一。復如何知三事有異。若彼一一皆具三相，應一一事能成色等，何所闕少待三和合。體亦應各三，以體卽相故。又大等法皆三合成，展轉相望應無差別。是則因果唯量諸大諸根差別皆不得成。若爾，一根應得一切境，或應一境一切根所得。世間現見情與非情淨穢等物現比量等，皆應無異，便爲大失。故彼所執實法不成，但是妄情計度爲有。勝論所執實等句義，多實有性，現量所得。彼執非理。所以者何。諸句義中且常住者，若能生果，應是無常，有作用故，如所生果。

若不生果應非離識實有自性。如兔角等。諸無常者若有質礙便有方分。應可分析如軍林等非實有性。若無質礙如心心所。應非離此有實自性。又彼所執地水火風應非有礙實句義攝身根所觸故。如堅濕煖動。即彼所執堅濕煖等應非無礙德句義攝身根所觸故。如地水火風。地水火三對青色等俱眼所見。準此應責。故知無實地水火風與堅濕等各別有性。亦非眼見實地水火(一)。又彼所執實句義中有礙常者皆有礙故。如麤地等應是無常。諸句義中色根所取無質礙法應皆有礙。許色根取故。如地水火風。又彼所執非實德等應非離識有別自性。非實攝故。如石女兒。非有實等應非離識有別自性。非有攝故。如空華等。彼所執有應離實等無別自性。許非無故。如實德等。若離實等應非有性。許異實等故。如畢竟無等。如有非無無別有性。如何實等有別有性。若離有法有別有性。應離無法有別無性。彼既不然此云何爾。故彼有性唯妄計度。又彼所執實德業性異實德業理定不然。勿此亦非實德業性異實等故。如德業等。又應實等非實等攝。異實等性故。如德業實等。地等諸性對地

(一)此下原衍風字。今依廣百論卷七及麗刻刪。

等體更相徵詰，準此應知。如實性等無別實等性，實等亦應無別實性等。若離實等有實等性，應離非實等有非實等性。彼既不爾，此云何然，故同異性唯假施設。又彼所執和合句義定非實有，非有實等諸法攝故，如畢竟無。彼許實等現量所得以理推徵尚非實有，況彼自許和合句義非現量得而可實有。設執和合是現量境由前理故亦非實有。然彼實等非緣離識實有自體現量所得，許所知故，如龜毛等。又緣實智非緣離識實句自體現量智攝，假合生故，如德智等。廣說乃至緣和合智非緣離識和合自體現量智攝，假合生故，如實智等，故勝論者實等句義亦是隨情妄所施設。有執有一大自在天體實徧常能生諸法，彼執非理，所以者何，若法能生必非常故，諸非常者必不徧故，諸不徧者非眞實故。體既常徧具諸功能，應一切處時頓生一切法。待欲或緣方能生者，違一因論。或欲及緣亦應頓起，因常有故。餘執有一大梵，時，方，本際，自然，虛空，我等，常住實有具諸功能生一切法，皆同此破。有餘偏執明論聲常，能爲定量表詮諸法，有執一切聲皆是常，待緣顯發方有詮表。彼俱非理，所以者何。且明論聲許能詮故應非常住如所餘聲。餘聲亦應非常聲體如瓶衣等待衆緣故。有外道執地水火風極微實常能生麤色。所生麤色不越因量。雖是無常而體實有。彼亦非理。所以者何。所執極微若有方分。如蟻行等體應非實。若無方分。如心心所應不共聚生麤果色。既能生果如彼所生。如何可說極微常住。又所生果不越因量。應如極微不名麤色。則此果色應非眼等色根所取便違自執。若謂(一)果色量德合。故非麤。似麤色根能取所執果色既同因量應如極微無麤德合。或應極微亦麤德合。如麤果色處無別故。若謂果色徧在自因因非一故可名麤者。則此果色體應非一。如所在因處各別故。既爾此果還不成麤。由此亦非色根所取。若果多分合故成麤。多因極微合應非細足成根境。何用果爲。既多分成應非實有。則汝所執前後相違。又果與因俱有質礙。應不同處如二極微。若謂果因體相受入如沙受水藥入鎔銅。誰許沙銅體受水藥。或應離變非一非常。又麤色果體若是一得一分時應得一切彼此一故彼應如此。不許違理。許便違事。故彼所執進退不成。但是隨情

(一)原刻作諸。今依述記卷六及麗刻改。

(一)此下廣破小乘法執。安慧釋有文不全。

虛妄計度。」然諸外道品類雖多。所執有法不過四種。一執有法與有等性其體定一。如數論等。彼執非理。所以者何。勿一切法卽有性故皆如有性體無差別。便違三德我等體異。亦違世間諸法差別。又若色等卽色等性。色等應無青黃等異。二執有法與有等性其體定異。如勝論等。彼執非理。所以者何。勿一切法非有性故如已滅無體不可得。便違實等自體非無。亦違世間現見有物。又若色等非色等性。應如聲等非眼等境。三執有法與有等性亦一亦異。如無慚等。彼執非理。所以者何。一異同前一異過故。二相相違體應別故。一異體同俱不成故。勿一切法皆同一體。或應一異是假非實。而執爲實理定不成。四執有法與有等性非一非異。如邪命等。彼執非理。所以者何。非一異執同異一故。非一異言爲遮爲表。若唯是表應不雙非。若但是遮應無所執。亦遮亦表應互相違。非表非遮應成戲論。又非一異違世共知有一異物。亦違自宗色等有法決定實有。是故彼言唯矯避過。諸有智者勿謬許之。」餘(一)乘所執離識實有色等諸法如何非有。彼所執色不相應行及諸無爲理非有故。且所執色總有二種。一者有對。極微所成。二者無對。非極微成。彼有對色定非實有。能成極微非實有故。(一)謂諸極微若有質礙應如瓶等是假非實。若無質礙應如非色。如何可集成瓶衣等。(二)又諸極微若有方分必可分析便非實有。若無方分則如非色。云何和合承光發影。日輪纔舉照柱等時東西兩邊光影各現。承光發影處既不同。所執極微定有方分。又若見觸壁等物時唯得此邊不得彼分。既和合物卽諸極微。故此極微必有方分。又諸極微隨所住處必有上下四方差別。不爾便無共和集義。或相涉入應不成麤。由此極微定有方分。執有對色卽諸極微。若無方分應無障隔。若爾便非障礙有對。是故汝等所執極微必有方分。有方分故便可分析定非實有。故有對色實有不成。(三)五識豈無所依緣色。雖非無色而是識變。謂識生時內因緣力變似眼等色等相現。卽以此相爲所依緣。然眼等根非現量得。以能發識比知是有。此但功能非外所造。外有對色理既不成。故應但是內識變現。發眼等識名眼等根。此爲所依生眼等識。此眼等識外所緣緣理非有故。決定應許自識所變爲所緣緣。(四)謂能引生

(一)此段有礙無礙破。糅安慧釋。但原釋云。極微有方分故則應如柱非勝義有。不爾無分則應如識無礙云云。(二)此段有分無分破。用二十唯識論意。又勘同廣百論釋卷一。殆亦護法之說也。(三)此段解五識所緣用觀所緣緣論意。(四)此段王應無別故句。糅安慧釋。

似自識者汝執彼是此所緣緣。非但能生。勿因緣等亦名此識所緣緣故。眼等五識了色等時但緣和合。似彼相故。非和合相異諸極微有實自體。分析彼時似彼相識定不生故。彼和合相既非實有故不可說是五識緣。勿第二月等能生五識故。(一)非諸極微共和合位可與五識各作所緣。此識上無極微相故。非諸極微有和合相。不和合時無此相故。非和合位與不合時此諸極微體相有異故和合位如不合時色等極微非五識境。(二)有執色等一一極微不和集時非五識境。共和集位展轉相資有麤相生爲此識境彼相實有爲此所緣。彼執不然。共和集位與未集時體相一故。瓶甌等物極微等者緣彼相識應無別故。共和集位一一極微各各應捨微圓相故。非麤相識緣細相境勿餘境識緣餘境故。一識應緣一切境故。許有極微尚致此失。況無識外真實極微。由此定知自識所變似色等相爲所緣緣。見託彼生。帶彼相故。然識變時隨量大小頓現一相。非別變作衆多極微合成一物。爲執麤色有實體者佛說極微令(三)其除析。非謂諸色實有極微。諸瑜伽師以假想慧於麤色相漸次除析至不

(一)勘藏法觀所緣論釋。此說即破極微爲所緣也。釋云。或許極微雖復極微唯共聚已而見生滅。然其實體一一皆緣。不緣總聚。今譯當從彼解。(二)安慧釋此執云。一一極微不待他時雖非根所能取。相待則能。無和集及相資之說。(三)原刻作今。今依述記卷七及麗刻改。

可析假說極微．雖此極微猶有方分而不可析．若更析之便似空現不名爲色．故說極微是色邊際。由此應知諸有對色皆識變現．非極微成。餘無對色是此類故亦非實有。或無對故如心心所定非實色。諸有對色現有色相以理推究離識尚無況無對色現無色相而可說爲真實色法。表無表色豈非實有。此非實有所以者何．且身表色若是實有以何爲性。若言是形．便非實有．可分析故．長等極微不可得故。若言是動．亦非實有．纔生卽滅無動義故．有爲法滅不待因故．滅若待因應非滅故。若言有色非顯非形心所引生能動手等名身表業．理亦不然。此若是動義如前破。若是動因應卽風界．風無表示不應名表．又觸不應通善惡性。非顯香味類觸應知。故身表業定非實有。然心爲因令識所變手等色相生滅相續轉趣餘方似有動作．表示心故假名身表。語表亦非實有聲性．一剎那聲無詮表故．多念相續便非實故．外有對色前已破故。然因心故識變似聲生滅相續似有表示假名語表．於理無違。表既實無．無表寧實。然依思願善惡分限假立無表．理亦無違。謂此或依發勝身語善惡思種增長位立。或依定中止身語惡現行思立。故是假有。世尊經中說有三業。撥身語業豈不違經。不撥爲無。但言非色。能動身思說名身業。能發語思說名語業。審決二思意相應故。作動意故。說名意業。起身語思有所造作說名爲業。是審決思所遊履故。通生苦樂異熟果故。亦名爲道。故前七業道亦思爲自性。或身語表由思發故假說爲業。思所履故說名業道。由此應知實無外色。唯有內識變似色生。

不相應行亦非實有。所以者何。得非得等非如色心及諸心所體相可得。非異色心心所作用可得。由此故知定非實有。但依色等分位假立。此定非異色心心所有實體用。如色心等許蘊攝故。或心心所及色無爲所不攝故。如畢竟無定非實有。或餘實法所不攝故。如餘假法非實有體。

且彼如何知得非得異色心等有實體用。契經說故。如說如是補特伽羅成就善惡聖者成就十無學法。又說異生不成就聖法諸阿羅漢不成就煩惱。成不成言顯得非得。經不說此異色心等有實體用。爲證不成。亦說輪王成就七寶。豈即成就他身非情。若謂於寶有自在力假說成就。於善惡法何不

(一)原刻作中。今依麗刻改。

許然而執實得。若謂七寶在現在故可假說成。寧知所成善惡等法離現在有。離現實法理非有故。現在必有善種等故。又得於法有何勝用。若言能起應起無爲。一切非情應永不起。未得已失應永不生。若俱生得爲因起者。所執二生便爲無用。又具善惡無記得者善惡無記應頓現前。若待餘因。得便無用。若得於法是不失因有情由此成就彼故。諸可成法不離有情。若離有情實不可得。故得於法俱爲無用。得實無故。非得亦無。然依有情可成諸法分位假立三種成就。一種子成就。二自在成就。三現行成就。翻此假立不成就名。此類雖多而於三界見所斷種未永害位假立非得名異生性。於諸聖法未成就故。復如何知異色心等有實同分。契經說故。如契經說此天同分此人同分乃至廣說。此經不說異色心等有實同分。爲證不成。若同智言因斯起故知實有者。則草木等應有同分。又於同分起同智言同分復應有別同分。彼既不爾此云何然。若謂爲因起同事欲知實有者。理亦不然。宿習爲因起同事欲。何要別執有實同分。然依有情身心相似分位差別假立同分。復如何知異色心等有實命根。契經說故。如契經說壽煖識三應知命根說名爲壽。此經不說異色心等有實壽體。爲證不成。又先已成色不離(一)識。應此(二)離識無別命根。又若命根異識實有。應如受等非實命根。若爾如何經說三法。義別說三。如四正斷。住無心位壽煖應無。豈不經說識不離身。既爾如何名無心位。彼滅轉識非阿賴耶。有此識因後當廣說。此識足爲界趣生體。是徧恆續異熟果故。無勞別執有實命根。然依親生此識種子由業所引功能差別住時決定假立命根。復如何知二無心定無想異熟異色心等有實自性。若無實性。應不能遮心心所法令不現起。若無心位有別實法異色心等能遮於心名無心定。應無色時有別實法異色心等能礙於色名無色定。彼既不爾此云何然。又遮礙心何須實法。如堤塘等假亦能遮。謂修定時於定加行厭患麤動心心所故發勝期願遮心心所令心心所漸細漸微。微微心時熏異熟識成極增上厭心等種。由此損伏心等種故麤動心等暫不現行。依此分位假立二定。此種善故定亦名善。無想定前求無想果故所熏成種招彼異熟識。依之麤動想等不行。於

(一)原刻作異。今依述記卷九及麗刻改。
(二)原刻作此。今依麗刻改。

此分位假立無想。依異熟立得異熟名。故此三法亦非實有。

成唯識論卷第一

成唯識論卷第二

護法等菩薩造

唐三藏法師玄奘奉詔譯

復如何知諸有爲相異色心等有實自性。契經說故。如契經說有三有爲之有爲相乃至廣說。此經不說異色心等有實自性。爲證不成。非第六聲便表異體。色心之體即色心故。非能相體定異所相。勿堅相等異地等故。若有爲相異所相體。無爲相體應異所相。又生等相若體俱有。應一切時齊興作用。若相違故用不頓興。體亦相違如何俱有。又住異滅用不應俱。能相所相體俱本有。用亦應然。無別性故。若謂彼用更待因緣。所待因緣應非本有。又執生等便爲無用。所相恆有而生等合。應無爲法亦有生等。彼此異因不可得故。又去來世非現非常。應似空華非實有性。生名爲有寧在未來。滅名爲無應非現在。滅若非無生應非有。又滅違住寧執同時。住不違生何容異世。故彼所執進退非理。然有爲法因緣力故本無今有暫有還無。表異無爲假立四相。本無今有有位名生．生位暫停卽說爲住．住別前後復立異名．暫有還無無時名滅。前三有故同在現在．後一是無故在過去。如何無法與有爲相．表此後無．爲相何失。生表有法先非有．滅表有法後是無．異表此法非凝然．住表此法暫有用．故此四相於有爲法雖俱名表而表有異。此依剎那假立四相．一期分位亦得假立．初有名生後無名滅．生已相似相續名住．卽此相續轉變名異．是故四相皆是假立。復如何知異色心等有實詮表名句文身。契經說故．如契經說佛得希有名句文身．此經不說異色心等有實名等．爲證不成。若名句文異聲實有應如色等非實能詮。謂聲能生名句文者此聲必有音韻屈曲．此足能詮．何用名等。若謂聲上音韻屈曲卽名句文異聲實有．所見色上形量屈曲應異色處別有實體。若謂聲上音韻屈曲如絃管聲非能詮者．此應如彼聲不別生名等．又誰說彼定不能詮。聲若能詮．風鈴聲等應有詮用．此應如彼不別生實名句文身。若唯語聲能生名等．如何不許唯語能詮。何理定知能詮卽語．寧知異語別有能詮。語不異能詮人天共了．執能詮異語天愛非餘。然依語聲分位差別而假建立名句文身。名詮自性。句詮差別。文卽是字爲二所依。此三離聲雖無別體而假實異亦不卽聲。由此法詞二無礙解境有差別。聲與名等蘊處界攝亦各有異。且依此土說名句文依聲假立非謂一切諸餘佛土亦依光明妙香味等假立三故。有執隨眠異心心所是不相應行蘊所攝。彼亦非理。名貪等故如現貪等非不相應。執別有餘不相應行準前理趣皆應遮止。諸無爲法離色心等決定實有理不可得。且定有法略有三種。一現所知法如色心等。二現受用法如瓶衣等。如是二法世共知有不待因成。三有作用法如眼耳等。由彼彼用證知是有。無爲非世共知定有。又無作用如眼耳等。設許有用應是無常故不可執無爲定有。然諸無爲所知性故或色心等所顯性故。如色心等不應執爲離色心等實無爲性。又虛空等爲一爲多。若體是一。徧一切處虛空容受色等法故隨能合法體應成多。一所合處餘不合故。不爾諸法應互相徧。若謂虛空不與法合。應非容受如餘無爲。又色等中有虛空不。有應相雜。無應不徧。一部一品結法斷時應得餘部餘品擇滅。一法緣闕得不生時應於一切得非擇滅。執彼體一理應爾故。若體是多。便有品類。應如色等非實無爲。虛空又應非徧容受。餘部所執離心心所實有無爲準前應破。又諸無爲許無因果故。應如兔角非異心等有。然契經說有虛空等諸無爲法。略有二種。一依識變假施設有。謂曾聞說虛空等名隨分別有虛空等相。數習力故心等生時似虛空等無爲相現。此所現相前後相似無有變易假說爲常。二依法性假施設有。謂空無我所顯真如有無俱非心言路絕與一切法非一異等。是法真理故名法性。離諸障礙故名虛空。由簡擇力滅諸雜染究竟證會故名擇滅。不由擇力本性清淨或緣闕所顯故名非擇滅。苦樂受滅故名不動。想受不行名想受滅。此五皆依真如假立。真如亦是假施設名。遮撥爲無故說爲有。遮執爲有故說爲空。勿謂虛幻故說爲實。理非妄倒故名真如。不同餘宗離色心等有實常法名曰真如。故諸無爲非定實有。外道餘乘所執諸法異心心所非實有性。是所取故。如心心所。能取彼覺亦不緣彼。是能取故。如緣此覺。諸心心所依他起故。亦如幻事非真實有。爲遣妄執心心所外實有境故說唯有識。若執唯識真實有者如執外境亦是法執。然諸法執略有二種。一者俱生。二者分別。俱生法執無始時來虛妄熏習內因力故恆與身俱不待邪教及邪分別任運而轉故名俱生。此復二種。一常相續。在第七識緣第八識起自心相執爲實法。二有閒斷。在第六識緣識所變蘊處界相或總或別起自心相執爲實法。此二法執細故難斷。後十地中數數修習勝法空觀方能除滅。分別法執亦由現在外緣力故非與身俱要待邪教及邪分別然後方起故名分別。唯在第六意識中有。此亦二種。一緣邪教所說蘊處界相起自心相分別計度執爲實法。二緣邪教所說自性等相起自心相分別計度執爲實法。此二法執麤故易斷。入初地時觀一切法法空真如卽能除滅。如是所說一切法執自心外法或有或無自心內法一切皆有。是故法執皆緣自心所現似法執爲實有。然似法相從緣生故是如幻有所執實法妄計度故決定非有。故世尊說慈氏當知諸識所緣唯識所現依他起性如幻事等。如是外道餘乘所執離識我法皆非實有。故心心所決定不用外色等法爲所緣緣。緣用必依實有體故。現在彼聚心心所法非此聚識親所緣緣。如非所緣。他聚攝故。同聚心所亦非親所緣。自體異故。如餘非所取。(一)由此應知實無外境唯有內識似外境生。是故契經伽他中說。如愚所分別外境實皆無習氣擾濁心故似彼而轉。」

(二)有作是難。若無離識實我法者假亦應無。謂假必依真事似事共法而立。如有真火有似火人有猛赤法乃可假說此人爲火。假說牛等應知亦然。我法若無依何假說。無假說故似亦不成。如何說心似外境轉。彼難非理。離識我法前已破故。依類依實假說火等俱不成故。依類假說理且不成。猛赤等德非類有故。(三)若無共德而假說彼應亦於水等假說火等名。(四)若謂猛等雖非類德而不相離故可假說。此亦不然。人類猛等現見亦有互相離故。類既無德又互相離。然有於人假說火等。故知假說不依類成。依實假說理亦不成。猛赤等德非共有故。謂猛赤等在火在人其體各別所依異故無共假說有過同前。若謂人火德相似故可假說者。理亦不然。說火在人非在德故。由此假說不依

(一)此句總結上文。糅安慧釋。 (二)此一大段糅安慧釋原釋缺假說牛等至前已破故各句。 (三)勘安慧釋此二句意云。若無共法之人而假說爲類此不應理有太過之失故。 (四)勘安慧釋此句意云又於類中雖無猛赤而二一法與類不離故假說人爲類者。

[illegible]卷十[illegible]（四）此段糅安慧釋。原釋次在二能變後，並有生起文云：已說二變，未審是何，釋彼差別故頌云云。（五）安慧釋此句云：各別現似色等境故。蓋以現似義 nirbhāsa 解釋了別 vijñapti。唯識原名唯了別者，意當於此。（六）此段糅安慧釋。原釋以此解能變唯三句，故次在前。又原釋云：我法假說所依之識變，又以因性果性有異。因變者，謂識識中異熟、等流習氣之增長。果變者，謂由宿業引滿異熟習氣起用故，藏識於餘衆同分中現行；又等流習氣起用故，轉識染意皆從藏識現行云云。今糅文晦。

實成。又假必依真事立者，亦不應理。真謂自相，假智及詮俱非境故，謂假智詮不得自相，唯於諸法共相而轉。亦非離此有別方便施設自相為假所依。然假智詮必依聲起，聲不及處此便不轉，能詮所詮俱非自相。故知假說不依真事，由此但依似事而轉。似謂增益非實有相，聲依增益似相而轉，故不可說假必依真。是故彼難不應正理。〔二〕然依識變對遣妄執真實我法說假似言，由此契經伽他中說：為對遣愚夫所執實我法故，於識所變假說我法名。〔三〕識所變相雖無量種，而能變識類別唯三。〔四〕一謂異熟，即第八識，多異熟性故。二謂思量，即第七識，恒審思量故。三謂了境，即前六識，了境相麤故。〔五〕及言顯六合為一種。〔六〕此三皆名能變識者。能變有二種：一因能變，謂第八識中等流、異熟二因習氣。等流習氣由七識中善惡無記熏令生長，異熟習氣由六識中有漏善惡熏令生長。二果能變，謂前二種習氣力故有八識生，現種種相。等流習氣為因緣故，八識體相差別而生，名等流果，果似因故。異熟習氣為增上緣，感第八識，酬引業力恆相續故立異熟名；感前六識，酬滿業者，從異熟起，名異熟生，不名異熟，有間斷故。即前異熟及異熟生名異熟果。果異因故。(一)此中且說我愛執藏持雜染種能變果識名爲異熟。非謂一切。雖已略說能變三名。而未廣辯能變三相。(二)且初能變其相云何。頌曰。

初(三)阿賴耶識。異熟。一切種。二 (四)不可知執受 處了。常與觸
作意受想思。相應。唯捨受。三 是無覆無記。觸(五)等亦如是。
恆轉如暴流。阿羅漢位捨。四

論曰。初能變識大小乘教名阿賴耶。(六)此識具有能藏所藏執藏義故。謂與雜染互爲緣故。有情執爲自內我故。此即顯示初能變識所有自相。攝持因果爲自相故。此識自相分位雖多。藏識過重是故偏說。(七)此是能引諸界趣生善不善業異熟(八)果故說名異熟。離此命根衆同分等恆時相續勝異熟果不可得故。此即顯示初能變識所有果相。此識果相雖多位多種。異熟寬(九)不共故偏說之。此能執持諸法種子令不失故名一切種。離此餘法能偏執持諸法種子不可得故。此即顯示初能變識所有因相。此識因相雖有多種。持種不共是故偏說。初能變識體相雖多。略說唯有如是三相。

(一)安慧釋無此文。 (二)此句生起。糅安慧釋。 (三)勘梵藏本此句云。此中名藏識。此中及名安慧均有釋。今譯文略。 (四)勘梵藏本此句首有彼字。又次捨受句。無覆句。恆轉句。羅漢句均有彼字以牒上文藏識。安慧皆有釋。今譯全略。又此句連下處了分爲二句。次常與觸至相應又爲二句。合成第三頌。今譯改式。 (五)梵藏本此語祇有六韻。合下恆轉一句二韻乃足半頌。第四頌訖。次阿羅漢位捨祇爲單句。入第五頌。今譯改式。 (六)此解同轉識論。又糅安慧釋。藏字原作 upanibaniha 乃因果結合之意。舊解於中隱藏誤也。又論釋皆缺執藏義。 (七)此

〔一〕此下廣辨一切種相。安慧釋無文。述記卷十二謂此中有安慧難。未詳何據。

一〔一〕切種相應更分別。此中何法名爲種子。謂本識中親生自果功能差別。此與本識及所生果不一不異。體用因果理應爾故。雖非一異而是實有。假法如無非因緣故。此與諸法既非一異。應如瓶等是假非實。若爾真如應是假有。許則便無真勝義諦。然諸種子唯依世俗說爲實有。不同真如。種子雖依第八識體而是此識相分非餘。見分恒取此爲境故。諸有漏種與異熟識體無別故無記性攝。因果俱有善等性故亦名善等。諸無漏種非異熟識性所攝故。因果俱是善性攝故。唯名爲善。若爾何故決擇分說二十二根一切皆有異熟種子。皆異熟生。雖名異熟而非無記。依異熟故名異熟種。異性相依如眼等識。或無漏種由熏習力轉變成熟立異熟名。非無記性所攝異熟。此中有義一切種子皆本性有不從熏生。由熏習力但可增長。如契經說一切有情無始時來有種種界如惡叉聚法爾而有。界即種子差別名故。又契經說無始時來界一切法等依。界是因義。瑜伽亦說諸種子體無始時來性雖本有而由染淨新所熏發。諸有情類無始時來若般涅槃法者一切種子皆悉具足。不般涅槃法者便闕三種菩提種子。如是等文誠證非一。又諸有情既說本有五種姓別。故應定有法爾種子不由熏生。又瑜伽說地獄成就三無漏根是種非現。又從無始展轉傳來法爾所得本性住姓。由此等證無漏種子法爾本有不從熏生。有漏亦應法爾有種由熏增長不別熏生。如是建立因果不亂。二解有義種子皆熏故生。所熏能熏俱無始有故諸種子無始成就。種子既是習氣異名。習氣必由熏習而有。如麻香氣華熏故生。如契經說諸有情心染淨諸法所熏習故無量種子之所積集。論說內種定有熏習外種熏習或有或無。又名言等三種熏習總攝一切有漏法種。彼三既由熏習而有。故有漏種必藉熏生。無漏種生亦由熏習。說聞熏習聞淨法界等流正法而熏起故。是出世心種子性故。有情本來種姓差別。不由無漏種子有無。但依有障無障建立。如瑜伽說。於真如境若有畢竟二障種者立爲不般涅槃法姓。若有畢竟所知障種非煩惱者一分立爲聲聞種姓。一分立爲獨覺種姓。若無畢竟二障種者即立彼爲如來種姓。故知本來種姓差別依障建立非無漏種。所說成就無漏種言依當可生，非已有體。三解有義種子各有二類。一者本有，謂無始來異熟識中法爾而有生蘊處界功能差別，世尊依此說諸有情無始時來有種種界如惡义聚法爾而有，餘所引證廣說如初，此即名為本性住種。二者始起，謂無始來數數現行熏習而有，世尊依此說有情心染淨諸法所熏習故無量種子之所積集，諸論亦說染淨種子由染淨法熏習故生，此即名為習所成種。若唯本有，轉識不應與阿賴耶為因緣性。如契經說諸法於識藏，識於法亦爾，更互為果性，亦常為因性。此頌意言阿賴耶識與諸轉識於一切時展轉相生互為因果，攝大乘說阿賴耶識與雜染法互為因緣，如炷與燄展轉生燒，又如束蘆互相依住，唯依此二建立因緣，所餘因緣不可得故。若諸種子不由熏生，如何轉識與阿賴耶有因緣義。非熏令長可名因緣，勿善惡業與異熟果為因緣故。又諸聖教說有種子由熏習生，皆違彼義。故唯本有理教相違。若唯始起，有為無漏無因緣故應不得生，有漏不應為無漏種，勿無漏種生有漏故，許應諸佛有漏復生，善等應為不善等種。分別論者雖作是說，心性本淨，客塵煩惱所染汙故名爲雜染。離煩惱時轉成無漏。故無漏法非無因生。而心性言。彼說何義。若說空理。空非心因。常法定非諸法種子。以體前後無轉變故。若卽說心。應同數論相雖轉變而體常一。惡無記心又應是善。許則應與信等相應。不許便應非善心體。尚不名善。況是無漏。有漏善心既稱雜染。如惡心等性非無漏。故不應與無漏爲因。勿善惡等互爲因故。若有漏心性是無漏。應無漏心性是有漏。差別因緣不可得故。又異生心若是無漏。則異生位無漏現行應名聖者。若異生心性雖無漏而相有染不名無漏無斯過者。則心種子亦非無漏。何故汝論說有異生唯得成就無漏種子。種子現行性相同故。然契經說心性淨者。說心空理所顯眞如。眞如是心眞實性故。或說心體非煩惱故名性本淨。非有漏心性是無漏故名本淨。由此應信有諸有情無始時來有無漏種不由熏習法爾成就。後勝進位熏令增長。無漏法起以此爲因。無漏起時復熏成種。有漏法種類此應知。諸聖教中雖說內種定有熏習。而不定說一切種子皆熏故生。寧全撥無本有種子。然本有種亦由熏習令其增盛方能得果。故說內種定有熏習。其聞熏習非唯有漏。聞正法時亦熏本有無漏種子令漸增盛。展轉乃至生出世心。故亦說此名聞熏習。一解聞熏習中有漏性者是修所斷。感勝異熟爲出世法勝增上緣。無漏性者非所斷攝。與出世法正爲因緣。二解此正因緣微隱難了。有寄麤顯勝增上緣方便說爲出世心種。依障建立種姓別者。意顯無漏種子有無。謂若全無無漏種者彼二障種永不可害。卽立彼爲非涅槃法。若唯有二乘無漏種者彼所知障種永不可害。一分立爲聲聞種姓。一分立爲獨覺種姓。若亦有佛無漏種者彼二障種俱可永害。卽立彼爲如來種姓。故由無漏種子有無障有可斷不可斷義。然無漏種微隱難知。故約彼障顯姓差別。不爾彼障有何別因而有可害不可害者。若謂法爾有此障別。無漏法種寧不許然。若本全無無漏法種。則諸聖道永不得生。誰當能害二障種子而說依障立種姓別。既彼聖道必無生義。說當可生亦定非理。然諸聖教處處說有本有種子。皆違彼義。故唯始起。理教相違。由此應知諸法種子各有本有始起二類。三然種子義略有六種。一剎那滅。謂體纔生無間必滅有勝功力方成種子，此遮常法，常無轉變不可說有能生用故。二果俱有，謂與所生現行果法俱現和合方成種子，此遮前後及定相離，現種異類互不相違一身俱時有能生用，非如種子自類相生前後相違必不俱有。雖因與果有俱不俱，而現在時可有因用，未生已滅無自體故，依生現果立種子名，不依引生自類名種，故但應說與果俱有。三恆隨轉，謂要長時一類相續至究竟位方成種子，此遮轉識轉易間斷與種子法不相應故，此顯種子自類相生。四性決定，謂隨因力生善惡等功能決定方成種子，此遮餘部執異性因生異性果有因緣義。五待衆緣，謂此要待自衆緣合功能殊勝方成種子，此遮外道執自然因不待衆緣恆頓生果，或遮餘部緣恆非無，顯所待緣非恆有性，故種於果非恆頓生。六引自果，謂於別別色心等果各各引生方成種子，此遮外道執唯一因生一切果，或遮餘部執色心等互爲因緣。唯本識中功能差別具斯六義成種，非餘。外穀麥等識所變故假立種名，非實種子。此種勢力生近正果名曰生因，引遠殘果令不頓絕卽名引因。內種必由熏習生長，親能生果是因緣性。

〔一〕原刻作持今依麗刻改。

外種熏習或有或無。爲增上緣辦所生果。必以內種爲彼因緣。是共相種所生果故。依何等義立熏習名。所熏能熏各具四義。令種生長故名熏習。何等名爲所熏四義。一堅住性。若法始終一類相續能持習氣乃是所熏。此遮轉識及聲風等性不堅住故非所熏。二無記性。若法平等無所違逆能容習氣乃是所熏。此遮善染勢力強盛無所容納故非所熏。由此如來第八淨識唯帶舊種非新受熏。三可熏性。若法自在性非堅密能受習氣乃是所熏。此遮心所及無爲法依他堅密故非所熏。四與能熏共和合性。若與能熏同時同處不即不離乃是所熏。此遮他身刹那前後無和合義故非所熏。唯異熟識具此四義可是所熏。非心所等。何等名爲能熏四義。一有生滅。若法非常能有作用生長習氣乃是能熏。此遮無爲前後不變無生長用故非能熏。二有勝用。若有生滅勢力增盛能引習氣乃是能熏。此遮異熟心心所等勢力羸劣故非能熏。三有增減。若有勝用可增可減攝〔二〕植習氣乃是能熏。此遮佛果圓滿善法無增無減故非能熏。彼若能熏便非圓滿。前後佛果應有勝劣。四與所熏和合而轉。

若與所熏同時同處不即不離乃是能熏。此遮他身剎那前後。無和合義故非能熏。唯七轉識及彼心所有勝勢用而增減者具此四義可是能熏。如是能熏與所熏識俱生俱滅熏習義成。令所熏中種子生長。如熏苣藤故名熏習。能熏識等從種生時即能爲因復熏成種。三法展轉因果同時。如炷生燄燄生焦炷。(一)亦如蘆束更互相依。因果俱時理不傾動。能熏生種種起現行。如俱有因得士用果。種子前後自類相生。如同類因引等流果。此二於果是因緣性。除此餘法皆非因緣。設名因緣應知假說。

是謂略說一切種相。

(二)此識行相所緣云何。謂不可知執受處了。(三)了謂了別。即是行相。識以了別爲行相故。處謂處所。即器世間。是諸有情所依處故。執(四)受有二。謂諸種子及有根身。諸種子者謂諸相名分別習氣。有根身者謂諸色根及根依處。此二皆是識所執受。攝爲自體同安危故。執受及處俱是所緣。阿賴耶識因緣力故自體生時內變爲種及有根身。外變爲器。即以所變爲自所緣。行相仗之而得起故。

(一)原刻作[illegible]。今依慧琳一切經音義卷五十一改。(二)此句生起。牒安慧釋。文句牒頌。(三)此二句牒安慧釋。(四)此段牒安慧釋。但原釋云。執受謂我法分別(遍計自性執着)之習氣。以有此故藏識乃得執取二分別果。故爲執受。又謂依處即體。即與所依俱有之色根及名。彼相切近同一安危。故爲執受。按此釋文兩番解執受義。

(一)此中了者．謂異熟識於自所緣有了別用．此了別用見分所攝。一解然有漏識自體生時皆似所緣能緣相現．彼相應法應知亦爾．似所緣相說名相分．似能緣相說名見分。若心心所無所緣相．應不能緣自所緣境．或應一一能緣一切．自境如餘．餘如自故。若心心所無能緣相．應不能緣．如虛空等．或虛空等亦是能緣。故心心所必有二相。如契經說．一切唯有覺．所覺義皆無．能覺所覺分．各自然而轉。執有離識所緣境者．彼說外境是所緣．相分名行相．見分名事．是心心所自體相故．心與心所同所依緣行相相似．事雖數等而相各異．識受想等各別故。達無離識所緣境者．則說相分是所緣．見分名行相．相見所依自體名事．即自證分．此若無者．應不自憶心心所法．如不曾更境必不能憶故．心與心所同所依根所緣相似行相各別．了別領納等作用各異故．事雖數等而相各異．識受等體有差別故。二解然心心所一一生時．以理推徵各有三分．所量能量量果別故．相見必有所依體故。如集量論伽他中說．似境相所量．能取相自證．即能量及果．此三體無別。三解又心心所若細分別應有四分．三分如前．

(一)此下廣辨執受處了．安慧釋無文．述記卷十五謂安慧唯立識自證分無見相分．未詳何據．

復有第四證自證分。此若無者誰證第三。心分既同應皆證故。又自證分應無有果。諸能量者必有果故。不應見分是第三果。見分或時非量攝故。由此見分不證第三。證自體者必現量故。此四分中前二是外。後二是內。初唯所緣。後三通二。謂第二分但緣第一或量非量或現或比。第三能緣第二第四。證自證分唯緣第三。非第二者以無用故。第三第四皆現量攝。故心心所四分合成。具所能緣無無窮過。非卽非離唯識理成。是故契經伽他中說。衆生心二性內外一切分所取能取纏見種種差別。此頌意說衆生心性二分合成。若內若外皆有所取能取纏縛見有種種或量非量或現或比多分差別。此中見者是見分故。如是四分或攝爲三。第四攝入自證分故。或攝爲二。後三俱是能緣性故皆見分攝。此言見者是能緣義。或攝爲一。體無別故。如入楞伽伽他中說。由自心執著心似外境轉。彼所見非有是故說唯心。如是處處說唯一心。此一心言亦攝心所。故識行相卽是了別。了別卽是識之見分。所言處者。謂異熟識由共相種成熟力故變似色等器世間相。卽外大種及所造色。雖諸有情所變各別而相相似處所無異，如衆燈明各徧似一。誰異熟識變爲此相。一解有義一切，所以者何，如契經說一切有情業增上力共所起故。二解有義若爾諸佛菩薩應實變爲此雜穢土，諸異生等應實變爲他方此界諸淨妙土，又諸聖者厭離有色生無色界必不下生，變爲此土復何所用。是故現居及當生者彼異熟識變爲此界，經依少分說一切言，諸業同者皆共變故。三解有義若爾器將壞時既無現居及當生者，誰異熟識變爲此界。又諸異生厭離有色生無色界現無色身預變爲土此復何用。設有色身與異地器麤細懸隔不相依持，此變爲彼亦何所益。然所變土本爲色身依持受用，故若於身可有持用便變爲彼。由是設生他方自地彼識亦得變爲此土，故器世間將壞初成雖無有情而亦現有。此說一切共受用者，若別受用準此應知，鬼人天等所見異故。諸種子者，謂異熟識所持一切有漏法種，此識性攝故是所緣。無漏法種雖依附此識而非此性攝故非所緣，雖非所緣而不相離，如真如性不違唯識。有根身者，謂異熟識不共相種成熟力故變似色根及根依處，即內大種及所造色。有共相種成熟力故，於他身處亦變似彼，不爾應無受用他義。此中一解(一)有義亦變似根，辯中邊說似自他身五根現故。二解有義唯能變似依處，他根於己非所用故，似自他身五根現者，說自他識各自變義。故生他地或般涅槃，彼餘尸骸猶見相續。前來且說業力所變外器內身界地差別，若定等力所變器身界地自他則不決定，所變身器多恆相續，變聲光等多分暫時，隨現緣力擊發起故。略說此識所變境者，謂有漏種十有色處及墮法處所現實色。何故此識不能變似心心所等為所緣耶。有漏識變略有二種，一隨因緣勢力故變，二隨分別勢力故變，初必有用，後但為境。異熟識變但隨因緣，所變色等必有實用，若變心等便無實用，相分心等不能緣故，須彼實用別從此生，變無為等亦無實用，故異熟識不緣心等。至無漏位勝慧相應，雖無分別而澄淨故，設無實用亦現彼影，不爾諸佛應非偏智(二)。故有漏位此異熟識但緣器身及有漏種，(三)在欲色界具三所緣，無色界中緣有漏種，厭離色故無業果色，有定果色於理無違，彼識亦緣此色為境。

（一）述記卷十六謂此是安慧說，勘安慧釋無文。（二）原刻作知，今依述記卷十六及麗刻改。（三）此段糅安慧釋，原釋云，於欲色界有名色二種執受，無色界離色故無色異熟唯執受名。

不可知者。(一)謂此行相極微細故難可了知。(二)或此所緣內執受境亦微細故。外器世間量難測故。名不可知。(三)云何是識取所緣境行相難知。如滅定中不離身識。應信爲有。然必應許滅定有識。有情攝故。如有心時。無想等位當知亦爾。

成唯識論卷第二

(一)轉識論釋。此愿二相及境不可分別。一體無異。(二)此段糅安慧釋原釋云。內二執受皆難了知。所受是此故云不可知。又外器界之了別。行相所緣無盡。故云不可知。(三)此段糅安慧釋原釋以餘說滅心有識者所言滅定等位。例知識法可有行相所緣難知之義。今文但說行相。有誤。

成唯識論卷第三

護法等菩薩造

唐三藏法師玄奘奉詔譯

(一)此識與幾心所相應。常與觸作意受想思相應。(二)阿賴耶識無始時來乃至未轉。於一切位恆與此五心所相應。以是徧行心所攝故。(三)觸謂三和分別變異令心心所觸境爲性。受想思等所依爲業。謂根境識更相隨順故名三和。觸依彼生令彼和合故說爲彼。三和合位皆有順生心所功能說名變異。觸似彼起故名分別。根變異力引觸起時勝彼識境。故集論等但說分別根之變異。和合一切心及心所令同觸境是觸自性。既似順起心所功能。故以受等所依爲業。起盡經說受想行蘊一切皆以觸爲緣故。由斯故說識觸受等因二三四和合而生。瑜伽但說與受想思爲所依者。思於行蘊爲主勝故。舉此攝餘。集論等說爲受依者。以觸生受近而勝故。謂觸所取可意等相與受所取順益等相極相隣近引發勝故。然觸自性是實非假。六六法中心所性故。是食攝故。能爲緣

(一)此句生起。糅安慧釋。次句牒頌。(二)此段糅安慧釋原係解頌常字也。(三)此解體業二句糅安慧釋。安慧解觸心所多依集論。今糅但略故稍詳也。三和等者。原釋云。三和合已識別根之變異。作受所依爲業。

故，如受等性非卽三和。(一)作意謂能警心爲性，於所緣境引心爲業。謂此警覺應起心種引令趣境，故名作意。雖此亦能引起心所，心是主故但說引心。(二)有說令心迴趣異境，或於一境持心令住，故名作意。彼俱非理，應非遍行，不異定故。(三)受謂領納順違俱非境相爲性，起愛爲業，能起合離非二欲故。有作是說，受有二種，一境界受，謂領所緣，二自性受，謂領俱觸。唯自性受是受自相，以境界受共餘相故。彼說非理，受定不緣俱生觸故。若似觸生名領觸者，似因之果應皆受性。又旣受因應名因受，何名自性。若謂如王食諸國邑，受能領觸所生受體，名自性受，理亦不然，違自所執不自證故。若不捨自性名自性受，應一切法皆是受自性。故彼所說但誘嬰兒。然境界受非共餘相，領順等相定屬己者名境界受，不共餘故。(四)想謂於境取像爲性，施設種種名言爲業。謂要安立境分齊相，方能隨起種種名言。(五)思謂令心造作爲性，於善品等役心爲業。謂能取境正因等相，驅役自心令造善等。(六)此五旣是遍行所攝，故與藏識決定相應。其遍行相後當廣釋。此觸等五與異熟識行相雖異，而時依同，所緣事等，故名相應。(七)此識行相極不明了，不

安慧釋。(十四)此句糅安慧釋。但原釋云，於境取相。相謂青黃等差別，作境分齊者。今譯取像，疑誤。(十五)此句糅安慧釋。(十六)此解同轉識論。論云，思惟籌量可行不可行，令心成邪成正，名爲思惟。(十七)轉識論此段不別分別，於前遍行受下云，受但是捨受。勘安慧釋，以此合次無覆句爲一段，別有生起文云，受有苦等三種，法有善等四種。前但總說藏識有受，未知何受，又未知是善不善等，故頌云云。次釋捨受所以云，所緣等不可知。

能分別違順境相．微細．一類．相續而轉．是故唯與捨受相應。又此相應受唯是異熟隨先引業轉不待現緣．任善惡業勢力轉故．唯是捨受。苦樂二受是異熟生非真異熟．待現緣故非此相應。又由此識常無轉變有情恆執為自內我．若與苦樂二受相應便有轉變寧執為我．故此但與捨受相應。若爾如何此識亦是惡業異熟．既許善業能招捨受此亦應然．捨受不違苦樂品故．如無記法善惡俱招。(一)

(二)如何此識非別境等心所相應．互相違故。謂欲希望所樂事轉．此識任運無所希望．勝解印持決定事轉．此識瞢昧無所印持．念唯明記曾習事轉．此識昧劣不能明記．定能令心專注一境．此識任運(三)剎那別緣．慧唯簡擇德等事轉．此識微昧不能簡擇．故此不與別境相應。此識唯是異熟性故．善染汙等亦不相應．惡作等四無記性者有間斷故定非異熟。

法有四種．謂善不善有覆無記無覆無記．阿賴耶識何法攝耶。此識唯是無覆無記．異(四)熟性故．異熟若是善染汙者流轉還滅應不得成。又此識是善染依故．若善染者互相

(一)此下至非此相應句糅安慧釋．原釋以此敘別受善不善業異熟義．故在前解受心所處出．(二)此下別解餘所不相應．安慧釋無文．(三)原刻作業．今依述記卷十六及麗刻改．(四)此句糅安慧釋．原釋以此為無覆無記第二解．

(一)此段糅安慧釋。原釋以此爲無覆無記第一解。(二)此上原衍無字。今依述記卷十八及麗刻删。(三)此解同轉識論。又糅安慧釋。(四)此段糅安慧釋。原釋無此緣三境義。而有捨受相應義。

違故應不與二俱作所依。又此識是所熏性故。若善染者。如極香臭應不受熏。無熏習故染淨因果俱不成立。故此唯是無覆無記。(一)覆謂染法。障聖道故。又能蔽心令不淨故。此識非染故名無覆。(二)記謂善惡。有愛非愛果及殊勝自體可記別故。此非善惡故名無記。觸等亦如是者。一解(三)謂如阿賴耶識唯是無覆無記性攝。觸作意受想思亦爾。諸相應法必同性故。二解(四)又觸等五如阿賴耶亦是異熟。所緣行相俱不可知。緣三種境。五法相應無覆無記。故說觸等亦如是言。三解有義觸等如阿賴耶亦是異熟及一切種。廣說乃至無覆無記。亦如是言無簡別故。彼說非理。所以者何。觸等依識不自在故。如貪信等不能受熏。如何同識能持種子。又若觸等亦能受熏。應一有情有六種體。若爾果起從何種生。理不應言從六種起。未見多種生一芽故。若說果生唯從一種。則餘五種便爲無用。亦不可說次第生果。熏習同時勢力等故。又不可說六果頓生。勿一有情一剎那頃六眼識等俱時生故。誰言觸等亦能受熏持諸種子。不爾如何觸等如識名一切種。謂觸等五有似種相名一切種。觸等與識所緣等故。無色觸等有所緣故。親所緣緣定應有故。

此似種相不爲因緣生現識等。如觸等上似眼根等非識所依。亦如似火無能燒用。彼救非理。觸等所緣似種等相後執受處方應與識而相例故。由此前說一切種言定目受熏能持種義。不爾本頌有重言失。又彼所說亦如是言無簡別故咸相例者定不成證。勿觸等五亦能了別。觸等亦與觸等相應。由此故知亦如是者隨所應說非謂一切。」

(一)阿賴耶識爲斷爲常。非斷非常。以恆轉故。恆謂此識無始時來一類相續常無間斷。是界趣生施設本故。性堅持種令不失故。轉謂此識無始時來念念生滅前後變異因滅果生非常一故。可爲轉識熏成種故。恆言遮斷轉表非常。猶如暴流。(二)因果法爾。如暴流水非斷非常相續長時有所漂溺。此識亦爾從無始來生滅相續非常非斷漂溺有情令不出離。又如暴流雖風等擊起諸波浪而流不斷。此識亦爾雖遇衆緣起眼識等而恆相續。(三)又如暴流漂水上下魚草等物隨流不捨。此識亦爾與內習氣外觸等法恆相隨轉。如是法喻意顯此識無始因果非斷常義。謂此識性無始時來刹那刹那果生因滅。果生故非斷。因滅故非常。非斷非常是緣起理。故說此識恆轉如流。」

(一)此句生起採安慧釋。原釋以一體不變而轉及相續而轉爲問。今作斷常。意微有異。(二)此解採安慧釋。原釋云因果無間相續是爲暴流。(三)此解大同轉識論。又採安慧釋。原釋云亦如暴流牽引草木牛糞而去。如是藏識隨福等業牽引觸等流轉。

（一）此下別破諸部，安慧釋無文。（二）勘安慧釋前解變義云，即因剎那滅時與彼相異之果得生，亦同此義。

（一）過去未來既非實有，非常可爾，非斷如何？斷豈得成緣起正理？過去未來若是實有，可許非斷，如何非常？常亦不成緣起正理。豈斥他過己義便成？若不摧邪難以顯正。（二）前因滅位後果即生，如稱兩頭低昂時等。如是因果相續如流，何假去來方成非斷？因現有位後果未生，因是誰因？果現有時前因已滅，果是誰果？既無因果誰離斷常？若有因時已有後果，果既本有何待前因？因義既無果義寧有？無因無果豈離斷常？因果義成依法作用，故所詰難非預我宗。體既本有用亦應然，所待因緣亦本有故。由斯汝義因果定無，應信大乘緣起正理。謂此正理深妙離言，因果等言皆假施設。觀現在法有引後用，假立當果對說現因；觀現在法有酬前相，假立曾因對說現果。假謂現識似彼相現。如是因果理趣顯然，遠離二邊契會中道，諸有智者應順修學。

有餘部說：雖無去來而有因果恆相續義。謂現在法極迅速者猶有初後，生滅二時，生時酬因，滅時引果，時雖有二而體是一。前因正滅後果正生，體相雖殊而俱是有。如是因果非假施設，然離斷常又無前難，誰有智者捨此信餘？彼有虛言都無實義。

何容一念而有二時。生滅相違。寧同現在。滅若現在生應未來。有故名生既是現在無故名滅寧非過去。滅若非無生應非有生既現有滅應現無。又二相違如何體一非苦樂等見有是事。生滅若一時應無二生滅若異寧說體同。故生滅時俱現在有同依一體理必不成。經部師等因果相續。理亦不成。彼不許有阿賴耶識能持種故。由此應信大乘所說因果相續緣起正理。」

此(一)識無始恆轉如流。乃至何位當究竟捨。阿羅漢位方究竟捨。(二)謂諸聖者斷煩惱障究竟盡時名阿羅漢。爾時此識煩惱麤重永遠離故說之爲捨。」

(解)(三)此中所說阿羅漢者通攝三乘無學果位。皆已永害煩惱賊故。應受世間妙供養故。永不復受分段生故。云何知然。決擇分說諸阿羅漢獨覺如來皆不成就阿賴耶故。集論復說若諸菩薩得菩提時頓斷煩惱及所知障成阿羅漢及如來故。若爾菩薩煩惱種子未永斷盡非阿羅漢應皆成就阿賴耶識。何故即彼決擇分說不退菩薩亦不成就阿賴耶識。彼說二乘無學果位迴心趣向大菩提者必不退起煩惱障故

(一)此二句生起。糅安慧釋。次句牒頌。 (二)此二句糅安慧釋。原釋云：得盡智無生智者名阿羅漢。於彼位中依止識之麤重無餘永斷爲捨藏識。 (三)此下廣辨阿羅漢捨。安慧釋無文。

趣菩提故．卽復轉名不退菩薩．彼不成就阿賴耶識．卽攝在此阿羅漢中．故彼論文不違此義。二解又不動地以上菩薩一切煩惱永不行故．法駛流中任運轉故．能諸行中起諸行故．剎那剎那轉增進故．此位方名不退菩薩。然此菩薩雖未斷盡異熟識中煩惱種子．而緣此識我見愛等不復執藏爲自內我．由斯永捨阿賴耶名．故說不成阿賴耶識．此亦說彼名阿羅漢。三解有義初地以上菩薩已證二空所顯理故．已得二種殊勝智故．已斷分別二重障故．能一行中起諸行故．雖爲利益起諸煩惱．而彼不作煩惱過失．故此亦名不退菩薩。然此菩薩雖未斷盡俱生煩惱．而緣此識所有分別我見愛等不復執藏爲自內我．由斯亦捨阿賴耶名．故說不成阿賴耶識．此亦說彼名阿羅漢．故集論中作如是說．十地菩薩雖未永斷一切煩惱．然此煩惱猶如呪藥所伏諸毒不起一切煩惱過失．一切地中如阿羅漢已斷煩惱．故亦說彼名阿羅漢．彼說非理．七地以前猶有俱生我見愛等執藏此識爲自內我．如何已捨阿賴耶名。若彼分別我見愛等不復執藏說名爲捨．則預流等諸有學位亦應已捨阿賴耶名．

許便違害諸論所說。地上菩薩所起煩惱皆由正知不爲過失。非預流等得有斯事寧可以彼例此菩薩。彼六識中所起煩惱雖由正知不爲過失。而第七識有漏心位任運現行執藏此識寧不與彼預流等同。由此故知彼說非理。然阿羅漢斷此識中煩惱麤重究竟盡故。不復執藏阿賴耶識爲自內我。由斯永失阿賴耶名說之爲捨。非捨一切第八識體。勿阿羅漢無識持種爾時便入無餘涅槃。然第八識雖諸有情皆悉成就。而隨義別立種種名。謂或名心。由種種法熏習種子所積集故。或名阿陀那。執持種子及諸色根令不壞故。或名所知依。能與染淨所知諸法爲依止故。或名種子識。能徧任持世出世間諸種子故。此等諸名通一切位。或名阿賴耶。攝藏一切雜染品法令不失故。我見愛等執藏以爲自內我故。此名唯在異生有學。非無學位不退菩薩有雜染法執藏義故。或名異熟識。能引生死善不善業異熟果故。此名唯在異生二乘諸菩薩位。非如來地猶有異熟無記法故。或名無垢識。最極清淨諸無漏法所依止故。此名唯在如來地有。菩薩二乘及異生位持有漏種可受熏習未得善淨第八識故。如契經說：如來無垢識，是淨無漏界，解脫一切障，圓鏡智相應。阿賴耶名過失重故，最初捨故，此中偏說。異熟識體菩薩將得菩提時捨，聲聞獨覺入無餘依涅槃時捨。無垢識體無有捨時，利樂有情無盡時故。心等通故，隨義應說。

然(一)第八識總有二位。一有漏位，無記性攝，唯與觸等五法相應，但緣前說執受處境。二無漏位，唯善性攝，與二十一心所相應，謂偏行別境各五，善十一。與一切心恆相應故，常樂證知所觀境故，於所觀境恆印持故，於曾受境恆明記故，世尊無有不定心故，於一切法常決擇故，極淨信等常相應故，無染汙故，無散動故。此亦唯與捨受相應，任運恆時平等轉故。以一切法爲所緣境，鏡智偏緣一切法故。

云(二)何應知此第八識離眼等識有別自體？聖教正理爲定量故。謂有大乘阿毗達磨契經中說：無始時來界，一切法等依(三)，由此有諸趣，及涅槃證得。此第八識自性微細，故以作用而顯示之。頌中初半顯第八識爲因緣用，後半顯與流轉還滅作依持用。界是因義，即種子識，無始時來展轉相續，親生諸法，故名爲因。依是緣義，即執持識。

（一）此段與雜集論第八識，安慧釋無文。（二）此下別以教理證有藏識，安慧釋有文極略，在後解第十九頌末始出。教證藏識，此頌而無解釋。理證亦但取無藏識則流轉還滅不成一義。（三）等依原作 samāśraya gnas-pa 但有依字之義，不云等也。

無始時來與一切法等爲依止故名爲緣。謂能執持諸種子故．與現行法爲所依故．卽變爲彼及爲彼依．變爲彼者謂變爲器及有根身．爲彼依者謂與轉識作所依止。以能執受五色根故眼等五識依之而轉．又與末那爲依止故第六意識依之而轉．末那意識轉識攝故如眼等識依俱有根．第八理應是識性故亦以第七爲俱有依。是謂此識爲因緣用。由此有者由有此識．有諸趣者有善惡趣．謂由有此第八識故執持一切順流轉法令諸有情流轉生死。雖惑業生皆是流轉．而趣是果勝故偏說．或諸趣言通能所趣．諸趣資具亦得趣名。諸惑業生皆依此識．是與流轉作依持用。及涅槃證得者．由有此識故有涅槃證得．謂由有此第八識故執持一切順還滅法令修行者證得涅槃。此中但說能證得道．涅槃不依此識有故。或此但說所證涅槃．是修行者正所求故。或此雙說．涅槃與道俱是還滅品類攝故．謂涅槃言顯所證滅．後證得言顯能得道。由能斷道斷所斷惑究竟盡位證得涅槃。能所斷證皆依此識．是與還滅作依持用。又此頌中初句顯示此識自性無始恆有．後三顯與雜染清淨二法總別爲所依止。雜染法者謂苦集諦，即所能趣生及業惑，清淨法者謂滅道諦，即所能證涅槃及道，彼二皆依此識而有，依轉識等理不成故，或復初句顯此識體無始相續，後三顯與三種自性爲所依止，謂依他起徧計所執圓成實性，如次應知。今此頌中諸所說義，離第八識皆不得有。即彼經中復作是說，由攝藏諸法一切種子識，故名阿賴耶，勝者我開示。由此本識具諸種子，故能攝藏諸雜染法，依斯建立阿賴耶名，非如勝性轉爲大等，種子與果體非一故，能依所依俱生滅故，與雜染法互相攝藏，亦爲有情執藏爲我，故說此識名阿賴耶。已入見道諸菩薩衆得真現觀名爲勝者，彼能證解阿賴耶識，故我世尊正爲開示，或諸菩薩皆名勝者，雖見道前未能證解阿賴耶識，而能信解求彼轉依，故亦爲說，非諸轉識有如是義。解深密經亦作是說，阿陁那識甚深細，一切種子如暴流，我於凡愚不開演，恐彼分別執爲我。以能執持諸法種子及能執受色根依處，亦能執取結生相續，故說此識名阿陁那。無姓有情不能窮底，故說甚深，趣寂種姓不能通達，故名甚細，是一切法真實種子，緣擊便生轉識波浪恆無間斷猶如暴流。凡卽無姓。愚卽趣寂。恐彼於此起分別執墮諸惡趣障生聖道。故我世尊不爲開演。唯第八識有如是相。入楞伽經亦作是說。如海遇風緣起種種波浪現前作用轉無有間斷時。藏識海亦然。境等風所擊恆起諸識浪現前作用轉。眼等諸識無如大海恆相續轉起諸識浪。故知別有第八識性。此等無量大乘經中皆別說有此第八識。諸大乘經皆順無我違數取趣棄背流轉趣向還滅。讚佛法僧毀諸外道。表蘊等法遮勝性等。樂大乘者許能顯示無顛倒理契經攝故。如增壹等至教量攝。又聖慈氏以七種因證大乘經眞是佛說。一先不記故。若大乘經佛滅度後有餘爲壞正法故說。何故世尊非如當起諸可怖事先預記別。二本俱行故。大小乘教本來俱行。寧知大乘獨非佛說。三非餘境故。大乘所說廣大甚深非外道等思量境界。彼經論中曾所未說。設爲彼說亦不信受。故大乘經非非佛說。四應極成故。若謂大乘是餘佛說非今佛語。則大乘教是佛所說其理極成。五有無有故。若有大乘卽應信此諸大乘教是佛所說。離此大乘不可得故。若無大乘聲聞乘教亦應非有。以離大乘決定無有得成佛義。誰出於世說聲聞乘。故聲聞乘是佛所說非大乘教不應正理。六能對治故依大乘經勤修行者皆能引得無分別智能正對治一切煩惱。故應信此是佛所說。七義異文故大乘所說意趣甚深。不可隨文而取其義便生誹謗謂非佛語。是故大乘真是佛說。如莊嚴論頌此義言先不記俱行。非餘所行境。極成有無有對治異文故。餘部經中亦密意說阿賴耶識有別自性。謂大衆部阿笈摩中密意說此名根本識。是眼識等所依止故。譬如樹根是莖等本。非眼等識有如是義。上座部經分別論者俱密說此名有分識。有謂三有。分是因義。唯此恆徧爲三有因。化地部說此名窮生死蘊。離第八識無別蘊法窮生死際無間斷時。謂無色界諸色間斷。無想天等餘心等滅。不相應行離色心等無別自體已極成故。唯此識名窮生死蘊。說一切有部增壹經中亦密意說此名阿賴耶。謂愛阿賴耶。樂阿賴耶。欣阿賴耶。憙阿賴耶。謂阿賴耶識是貪總別三世境故立此四名。有情執爲真自內我乃至未斷恆生愛著。故阿賴耶識是真愛著處。不應執餘五取蘊等，謂生一向苦受處者於餘取蘊不生愛著，彼恆厭逆餘五取蘊，念我何時當捨此命此衆同分此苦身心令我自在受快樂故。五欲亦非真愛著處，謂離欲者於五妙欲雖不貪著而愛我故。樂受亦非真愛著處，謂離第三靜慮染者雖厭樂受而愛我故。身見亦非真愛著處，謂非無學信無我者雖於身見不生貪著而於內我猶生愛故。轉識等亦非真愛著處，謂非無學求滅心者雖厭轉識等而愛我故。色身亦非真愛著處，離色染者雖厭色身而愛我故。不相應行離色心等無別自體，是故亦非真愛著處。異生有學起我愛時雖於餘蘊有愛非愛，而於此識我愛定生，故唯此是真愛著處。由是彼說阿賴耶名定唯顯此阿賴耶識。已引聖教，當顯正理。謂契經說雜染清淨諸法種子之所集起故名爲心，若無此識彼持種心不應有故。謂諸轉識在滅定等有間斷故，根境作意善等類別易脫起故，如電光等不堅住故，非可熏習不能持種，非染淨種所集起心。此識一類恆無間斷，如苣藤等堅住可熏，契當彼經所說心義。若不許有能持種心，非但違經，亦違正理。謂諸所起染淨品法無所熏故不熏成種，則應所起唐捐其功，染淨起時既無因種，應同外道執自然生。色不相應非心性故，如聲光等理非染淨內法所熏，豈能持種。又彼離識無實自性，寧可執爲內種依止。轉識相應諸心所法如識間斷易脫起故，不自在故，非心性故，不能持種亦不受熏，故持種心理應別有。有說六識無始時來依根境等前後分位事雖轉變而類無別，是所熏習能持種子，由斯染淨因果皆成，何要執有第八識性。(二)彼言無義，所以者何，執類是實則同外道，許類是假便無勝用，應不能持內法實種。又執識類何性所攝，若是善惡應不受熏，許有記故猶如擇滅，若是無記善惡心時無無記心此類應斷，非事善惡類可無記，別類必同別事性故。又無心位此類定無，既有間斷性非堅住，如何可執持種受熏。又阿羅漢或異生心識類同故應爲諸染無漏法熏，許便有失。又眼等根或所餘法與眼等識根法類同應互相熏，然汝不許，故不應執識類受熏。又六識身若事若類前後二念既不俱有，如隔念者非互相熏，能熏所熏必俱時故。執唯六識俱時轉者由前理趣既非所熏，故彼亦無能持種義。有執色

(一)安慧釋以理證有藏識中有一段，略同此義，意謂六識不能自熏，又未來識未生，過去識已滅，皆不能受熏故，又滅定無心故。

心自類無間前爲後種因果義立。故先所說爲證不成。彼執非理。無熏習故。謂彼自類既無熏習。如何可執前爲後種。又間斷者應不更生。二乘無學應無後蘊。死位色心爲後種故。亦不應執色心展轉互爲種生。轉識色等非所熏習。前已說故。有說三世諸法皆有。因果感赴無不皆成。何勞執有能持種識。然經說心爲種子者。起染淨法勢用強故。彼說非理。過去未來非常非現。如空華等。非實有故。又無作用。不可執爲因緣性故。若無能持染淨種識。一切因果皆不得成。有執大乘遣相空理爲究竟者。依似比量撥無此識及一切法。彼特違害前所引經。(一)知斷證修染淨因果皆執非實。成大邪見。外道毀謗染淨因果。亦不謂全無。但執非實故。若一切法皆非實有。菩薩不應爲捨生死。精勤修集菩提資糧。誰有智者爲除幻敵。求石女兒用爲軍旅。故應信有能持種心。依之建立染淨因果。彼心卽是此第八識。又契經說有異熟心善惡業感。若無此識。彼異熟心不應有故。謂眼等識有間斷故。非一切時是業果故。如電光等非異熟心。異熟不應斷已更續。彼命根等無斯事故。眼等六識業所感者猶

(一)原刻作智。今依述記卷二十一改。

如聲等非恆續故．是異熟生非真異熟。定應許有真異熟心．酬牽引業徧而無斷變爲身器作有情依．身器離心理非有故。不相應法無實體故．諸轉識等非恆有故．若無此心誰變身器．復依何法恆立有情。又在定中或不在定有別思慮無思慮時．理有衆多身受生起．此若無者不應後時身有怡適或復勞損．若不恆有真異熟心彼位如何有此身受。非佛起餘善心等位必應現起真異熟心．如許起彼時非佛有情故。由是恆有真異熟心．彼心卽是此第八識。又契經說有情流轉五趣四生．若無此識彼趣生體不應有故。謂要實有恆．徧．無雜．彼法可立正實趣生。非異熟法趣生雜亂．住此起餘趣生法故．諸異熟色及五識中業所感者不徧趣生．無色界中全無彼故．諸生得善及意識中業所感者雖徧趣生起無雜亂而不恆有．不相應行無實自體．皆不可立正實趣生。唯異熟心及彼心所．實恆徧無雜．是正實趣生。此心若無生無色界起善等位應非趣生。設許趣生攝諸有漏．生無色界起無漏心應非趣生．便違正理。勿有前過及有此失．故唯異熟法是正實趣生。由是如來非趣生攝．佛無異熟無記法故。亦非界攝．非有漏故．世尊已捨苦集諦故．諸戲論種已永斷故。正實趣生既唯異熟心及心所．彼心心所離第八識理不得成故知別有此第八識。又契經說有色根身是有執受．若無此識彼能執受不應有故。謂五色根及彼依處唯現在世是有執受彼定由有能執受心唯異熟心先業所引．非善染等．一類．能徧相續執受有色根身．眼等轉識無如是義。此言意顯眼等轉識皆無一類能徧相續執受自內有色根身．非顯能執受唯異熟心．勿諸佛色身無執受故．然能執受有漏色身唯異熟心故作是說。謂諸轉識現緣起故如聲風等．彼善染等非業引故如非擇滅．異熟生者非異熟故非徧依故不相續故如電光等．不能執受有漏色身。諸心識言亦攝心所．定相應故．如唯識言。非諸色根不相應行可能執受有色根身．無所緣故．如虛空等。故應別有能執受心彼心即是此第八識。又契經說壽煖識三更互依持得相續住．若無此識能持壽煖令久住識不應有故。謂諸轉識有間有轉如聲風等無恆持用．不可立爲持壽煖識．唯異熟識無間無轉猶如壽煖有恆持用故可立爲持壽煖識。經說三法更互依持。而壽與煖一類相續唯識不然。豈符正理。雖說三法更互依持。而許唯煖不偏三界。何不許識獨有間轉。此於前理非爲過難。謂若是處具有三法無間轉者可恆相持。不爾便無恆相持用。前以此理顯三法中所說識言非詮轉識。舉煖不偏豈壞前理。故前所說其理極成。又三法中壽煖二種既唯有漏。故知彼識如壽與煖定非無漏。生無色界起無漏心。爾時何識能持彼壽。由此故知有異熟識一類恆偏能持壽煖。彼識卽是此第八識。

又契經說諸有情類受生命終必住散心非無心定。若無此識生死時心不應有故。謂生死時身心惛昧。如睡無夢極悶絕時。明了轉識必不現起。又此位中六種轉識行相所緣不可知故。如無心位必不現行。六種轉識行相所緣有必可知。如餘時故。眞異熟識極微細故行相所緣俱不可了。是引業果。一期相續恆無轉變。是散有心。名生死心不違正理。有說五識此位定無。意識取境或因五識或因他教或定爲因。生位諸因既不可得。故受生位意識亦無。若爾有情生無色界。後時意識應永不生。定心必由散意識引。五識他教彼界必無。引定散心無由起故。若謂彼定由串習力後時率爾能現在前。彼初生時寧不現起。又欲色界初受生時串習意識亦應現起。若由惛昧初未現前。此卽前因何勞別說。有餘部執生死等位別有一類微細意識行相所緣俱不可了。應知卽是此第八識。極成意識不如是故。又將死時由善惡業下上身分冷觸漸起。若無此識彼事不成。轉識不能執受身故。眼等五識各別依故或不行故。第六意識不住身故境不定故徧寄身中恆相續故。不應冷觸由彼漸生。唯異熟心由先業力恆徧相續執受身分捨執受處冷觸便生。壽煖識三不相離故。冷觸起處卽是非情。雖變亦緣而不執受。故知定有此第八識。又契經說識緣名色名色緣識如是二法展轉相依譬如蘆束俱時而轉。若無此識彼識自體不應有故。謂彼經中自作是釋。名謂非色四蘊。色謂羯邏藍等。此二與識相依而住如二蘆束更互爲緣。恆俱時轉不相捨離。眼等轉識攝在名中。此識若無說誰爲識。亦不可說名中識蘊謂五識身識謂第六。羯邏藍時無五識故。又諸轉識有間轉故。無力恆時執持名色。寧說恆與名色爲緣。故彼識言顯第八識。

成唯識論卷第三

成唯識論卷第四

護法等菩薩造

唐三藏法師玄奘奉詔譯

又契經說一切有情皆依食住。若無此識彼識食體不應有故。謂契經說食有四種。一者段食。變壞爲相。謂欲界繫香味觸三於變壞時能爲食事。由此色處非段食攝。以變壞時色無用故。二者觸食。觸境爲相。謂有漏觸纔取境時攝受喜等能爲食事。此觸雖與諸識相應。屬六識者食義偏勝。觸麤顯境攝受喜樂及順益捨資養勝故。三意思食。希望爲相。謂有漏思與欲俱轉希可愛境能爲食事。此思雖與諸識相應。屬意識者食義偏勝。意識於境希望勝故。四者識食。執持爲相。謂有漏識由段觸思勢力增長能爲食事。此識雖通諸識自體而第八識食義偏勝。一類相續執持勝故。由是集論說此四食三蘊五處十一界攝。此四能持有情身命令不壞斷。故名爲食。段食唯於欲界有用。觸意思食雖徧三界而依識轉隨識有無。眼等轉識有間有轉非徧恆時能持身命。謂無心定熟眠悶絕無想天中有間斷故。設有心位隨所依緣性界地等有轉易故。於持身命非徧非恆。諸有執無第八識者依何等食經作是言一切有情皆依食住。非無心位過去未來識等爲食。彼非現常如空華等無體用故。設有體用非現在攝。如虛空等非食性故。亦不可說入定心等與無心位有情爲食。住無心時彼已滅故。過去非食已極成故。又不可說無想定等不相應行卽爲彼食。段等四食所不攝故。不相應法非實有故。有執滅定等猶有第六識於彼有情能爲食事。彼執非理後當廣破。又彼應說生上二界無漏心時以何爲食。無漏識等破壞有故於彼身命不可爲食。亦不可執無漏識中有有漏種能爲彼食。無漏識等猶如涅槃不能執持有漏種故。復不可說上界有情身命相持卽互爲食。四食不攝彼身命故。又無色無身命無能持故。衆同分等無實體故。由此定知異諸轉識有異熟識一類恆徧執持身命令不壞斷。世尊依此故作是言一切有情皆依食住。唯依取蘊建立有情。佛無有漏非有情攝。說爲有情依食住者當知皆依示現而說。既異熟識是勝食性．彼識卽是此第八識。又契經說住滅定者身語心行無不皆滅而壽不滅亦不離煖根無變壞識不離身．若無此識住滅定者不離身識不應有故。謂眼等識行相麤動於所緣境起必勞慮．厭患彼故暫求止息漸次伏除至都盡位．依此位立住滅定者．故此定中彼識皆滅。若不許有微細一類恆徧執持壽等識在．依何而說識不離身。若謂後時彼識還起如隔日瘧名不離身．是則不應說心行滅．識與想等起滅同故。壽煖諸根應亦如識便成大過．故應許識如壽煖等實不離身。又此位中若全無識應如瓦礫非有情數．豈得說爲住滅定者。又異熟識此位若無．誰能執持諸根壽煖．無執持故皆應壞滅．猶如死屍便無壽等。既爾後識必不還生．說不離身彼何所屬．諸異熟識捨此身已離託餘身無重生故。又若此位無持種識後識無種如何得生．過去未來不相應法非實有體已極成故．諸色等法離識皆無受熏〔一〕持種亦已遮故．然滅定等無心位中如有心位定實有識具根壽煖有情攝故。由斯理趣住滅定者決定有識實不離身。若謂此位有第六識名不離身．亦不應理．此定亦名

〔一〕原刻作等．今依述記卷二十二及麗刻改。

無心定故。若無五識名無心者．應一切定皆名無心．諸定皆無五識身故。意識攝在六轉識中．如五識身滅定非有。或此位識行相所緣不可知故．如壽煖等非第六識。若此位有行相所緣可知識者．應如餘位非此位攝．本爲止息行相所緣可了知識入此定故。又若此位有第六識．彼心所法爲有爲無。若有心所．經不應言住此定者心行皆滅．又不應名滅受想定。此定加行但厭受想故此定中唯受想滅．受想二法資助心強諸心所中獨名心行．說心行滅何所相違●無想定中應唯想滅．但厭想故．然汝不許．既唯受想資助心強．此二滅時心亦應滅。如身行滅而身猶在．寧要責心令同行滅●若爾語行尋伺滅時語應不滅．而非所許。然行於法有徧非徧．徧行滅時法定隨滅．非徧行滅法或猶在。非徧行者謂入出息見息滅時身猶在故。尋伺於語是徧行攝．彼若滅時語定無故。受想於心亦徧行攝．許如思等大地法故。受想滅時心定隨滅．如何可說彼滅心在。又許思等是大地法．滅受想時彼亦應滅。既爾信等此位亦無．非徧行滅餘可在故．如何可言有餘心所。既許思等此位非無．受想應然．

大地法故。又此定中若有思等亦應有觸。餘心所法無不皆依觸力生故。若許有觸亦應有受。觸緣受故。既許有受想亦應生。不相離故。如受緣愛非一切受皆能起愛。故觸緣受非一切觸皆能生受。由斯所難其理不成。彼救不然。有差別故。謂佛自簡唯無明觸所生諸受爲緣生愛。曾無有處簡觸生受。故若有觸必有受生。受與想俱其理決定。或應如餘位受想亦不滅。執此位中有思等故。許便違害心行滅言。亦不得成滅受想定。若無心所識亦應無。不見餘心離心所故。餘徧行滅法隨滅故。受等應非大地法故。此識應非相應法故。許則應無所依緣等。如色等法亦非心故。又契經說意法爲緣生於意識。三和合觸。與觸俱起有受想思。若此定中有意識者。三和合故必應有觸。觸既定與受想思俱。如何有識而無心所。若謂餘時三和有力成觸生觸能起受等。由此定前厭患心所。故在定位三事無能不成生觸。亦無受等。若爾應名滅心所定。如何但說滅受想耶。若謂厭時唯厭受想。此二滅故心所皆滅。依前所厭以立定名。既爾此中心亦應滅。所厭俱故。如餘心所。不爾如何名無心定。又此定位意識是何。不應是染或無記性。諸善定中無此事故。餘染無記心必有心所故。不應厭善起染等故。非求寂靜翻起散故。若謂是善相應善故。應無貪等善根相應。此心不應是自性善或勝義善。違自宗故。非善根等及涅槃故。若謂此心是等起善加行善根所引發故。理亦不然。違自宗故。如餘善心非等起故。善心無間起三性心。如何善心由前等起。故心是善由相應力。既爾必與善根相應。寧說此心獨無心所。故無心所心亦應無。如是推徵眼等轉識於滅定位非不離身。故契經言不離身者彼識即是此第八識。入滅定時不爲止息此極寂靜執持識故。無想等位類此應知。

又契經說心雜染故有情雜染。心清淨故有情清淨。若無此識彼染淨心不應有故。謂染淨法以心爲本。因心而生依心住故。心受彼熏持彼種故。然雜染法略有三種。煩惱、業、果種類別故。若無此識持煩惱種界地往還無染心後諸煩惱起皆應無因。餘法不能持彼種故。過去未來非實有故。若諸煩惱無因而生。則無三乘學無學果。諸已斷者皆應起故。若無此識持業果種。界地往還異類法後諸業果起亦應無因。

餘種餘因前已遮故。若諸業果無因而生，入無餘依涅槃界已三界業果還復應生，煩惱亦應無因生故。(一)又行緣識應不得成，轉識受熏前已遮故，結生染識非行感故，應說名色行爲緣故，時分懸隔無緣義故，此不成故後亦不成。諸清淨法亦有三種，世出世道，斷果別故。若無此識持世出世清淨道種，異類心後起彼淨法皆應無因，所執餘因前已破故。若二淨道無因而生，入無餘依涅槃界已彼二淨道還復應生，所依亦應無因生故。又出世道初不應生，無法持彼法爾種故，有漏類別非彼因故，無因而生非釋(二)種故，初不生故後亦不生，是則應無三乘道果。(三)若無此識持煩惱種，轉依斷果亦不得成，謂道起時現行煩惱及彼種子俱非有故，染淨二心不俱起故，道相應心不持彼種，自性相違如涅槃故，去來得等非實有故，餘法持種理不成故，既無所斷能斷亦無，依誰由誰而立斷果。若由道力後惑不生立斷果者，則初道起應成無學，後諸煩惱皆已無因永不生故。許有此識一切皆成，唯此能持染淨種故。證此識有理趣無邊，恐厭繁文略述綱要。別有此識教理顯然，諸有智人應深信受。

(一)此段糅安慧釋，原釋理證別有藏識，先以無藏識則流轉不成爲證，略云，離藏識即無行緣識，無識即無流轉，以次即破行熏六識爲行緣識之說。(二)原刻作識，今依述記卷二十四及麗刻改。(三)此段糅安慧釋，原釋以無藏識則還滅不成爲證也，但不說斷果。

(一)此段生起糅安慧釋。(二)勘梵藏本此句在出世道句下，安慧釋云，結上所標釋也，今譯改式，又前藏識頌如[一]是已說初能變相。第二能變其相云何。頌曰。

次[二]第二能變　是[三]識名末那　依彼轉緣彼　思量爲性相[四]　五

四煩惱常俱[五]　謂[六]我癡我見　并[七]我慢我愛　及餘觸等俱[八]　六

有覆無記攝　隨[九]所生所繫　阿羅漢滅定[一〇]　出世道無有　七

論曰。[一一]次初異熟能變識後應辯思量能變識相。是識聖教別名末那。恆審思量勝餘識故。此名何異第六意識。此持業釋如藏識名。識卽意故。彼依主釋如眼識等。識異意故。然諸聖教恐此濫彼。故於第七但立意名。[一二]又標意名爲簡心識積集了別劣餘識故。或欲顯此與彼意識爲近所依故但名意。依彼轉者。[一三]顯此所依。彼謂卽前初能變識。聖說此識依藏識故。[一解]有義此意以彼識種而爲所依。非彼現識。此無間斷不假現識爲俱有依方得生故。[二解]有義此意以彼識種及彼現識俱爲所依。雖無間斷而有轉易名轉識故。必假現識爲俱有依方得生故。轉謂流轉。[一四]顯示此識恆依彼識取所緣故。

[一五]諸心心所皆有所依。然彼所依總有三種。一因緣依。謂自種子。諸有爲法皆託此依。

有與異等相應與膽以我見居首也今譯改文。（七）梵藏本無此並字又第六頌至此句譯（八）勘梵藏本無此俱字。祇有六韻不足句。安慧釋始云頌文具足應言相應也。今譯增文。（九）勘梵藏本此句在及餘觸句前。亦祇六韻。合餘觸句六韻及次阿羅漢無彼一語四韻。爲第七頌前半頌。今譯改式。（一〇）梵藏本云滅盡等至無。爲第七頌第三句。（一一）此句生起糅安慧釋。（一二）此句糅安慧釋。（一三）此二句糅安慧釋。原釋云藏識爲彼種子之所依。（一四）安慧釋染意隨藏識所生界繫。是爲依彼轉。（一五）此下廣辨三依。安慧釋無文。

離自因緣必不生故。二增上緣依。謂內六處。諸心心所皆託此依。離俱有根必不轉故。三等無間緣依。謂前滅意。諸心心所皆託此依。離開導根必不起故。唯心心所具三所依名有所依。非所餘法。初種子依。有作是說要種滅已現果方生。無種已生集論說故。種與芽等不俱有故。有義彼說爲證不成。彼依引生後種說故。種生芽等非勝義故。種滅芽生非極成故。燄炷同時互爲因故。然種自類因果不俱。種現相生決定俱有。故瑜伽說無常法與他性爲因。亦與後念自性爲因。是因緣義。自性言顯種子自類前爲後因。他性言顯種與現行互爲因義。攝大乘論亦作是說。藏識染法互爲因緣。猶如束蘆俱時而有。又說種子與果必俱。故種子依定非前後。設有處說種果前後。應知皆是隨轉理門。如是八識及諸心所定各別有種子所依。次俱有依。有作是說眼等五識意識爲依。此現起時必有彼故。無別眼等爲俱有依。眼等五根即種子故。二十唯識伽他中言。識從自種生似境相而轉。爲成內外處佛說彼爲十。彼頌意說世尊爲成十二處故說五識種爲眼等根。五識相分爲色等境。故眼等根即五識種。觀所緣論亦作是說。識上色功能名五根應理。功能與境色無始互爲因。彼頌意言異熟識上能生眼等色識種子名色功能。說爲五根。無別眼等。種與色識常互爲因。能熏與種遞爲因故。第七八識無別此依。恆相續轉自力勝故。第六意識別有此依。要託末那而得起故。二解有義彼說理教相違。若五色根即五識種。十八界種應成雜亂。然十八界各別有種。諸聖教中處處說故。又五識種各有能生相見分異。爲執何等名眼等根。若見分種應識蘊攝。若相分種應外處攝。便違聖教眼等五根皆是色蘊內處所攝。又若五根即五識種。五根應是五識因緣。不應說爲增上緣攝。又鼻舌根即二識種。則應鼻舌唯欲界繫。或應二識通色界繫。許便俱與聖教相違。眼耳身根即三識種。二地五地爲難亦然。又五識種既通善惡。應五色根非唯無記。又五識種無執受攝。五根亦應非有執受。又五色根若五識種。應意識種即是末那。彼以五根爲同法故。又瑜伽論說眼等識皆具三依。若五色根即五識種。依但應二。又諸聖教說眼等根皆通現種。執唯是種便與一切聖教相違。有避如前所說過難朋附彼執復轉救言。異熟識中能感五識增上業種名五色根。非作因緣生五識種。妙符二頌善順瑜伽。彼有虛言都無實義。應五色根非無記故。又彼應非唯有執受。唯色蘊攝。唯內處故。鼻舌唯應欲界繫故。三根不應五地繫故。感意識業應末那故。眼等不應通現種故。又應眼等非色根故。又若五識皆業所感則應一向無記性攝。善等五識既非業感應無眼等為俱有依。故彼所言非為善救。又諸聖教處處皆說阿賴耶識變似色根及根依處器世間等。如何汝等撥無色根。許眼等識變似色等不許眼等藏識所變。如斯迷謬深違教理。然伽他說種子功能名五根者。為破離識實有色根。於識所變似眼根等以有發生五識用故假名種子及色功能。非謂色根即識業種。又緣五境明了意識應以五識為俱有依。以彼必與五識俱故。若彼不依眼等識者彼應不與五識為依。彼此相依勢力等故。又第七識雖無間斷而見道等既有轉易。應如六識有俱有依。不爾彼應非轉識攝。便違聖教轉識有七。故應許彼有俱有依。此即現行第八識攝。如瑜伽說有藏識故得有末那末那為依意識得轉。彼論意言現行藏識爲依止故得有末那。非由彼種。不爾應說有藏識故意識得轉。由此彼說理教相違。是故應言前五轉識一一定有二俱有依謂五色根同時意識。第六轉識決定恆有一俱有依謂第七識。若與五識俱時起者亦以五識爲俱有依。第七轉識決定唯有一俱有依謂第八識。唯第八識恆無轉變自能立故無俱有依。（三解）有義此說猶未盡理。第八類餘既同識性。如何不許有俱有依。第七八識既恆俱轉。更互爲依斯有何失。許現起識以種爲依。識種亦應許依現識。能熏異熟爲生長住依。識種離彼不生長住故。又異熟識有色界中能執持身依色根轉。如契經說阿賴耶識業風所飄偏依諸根恆相續轉。瑜伽亦說眼等六識各別依故不能執受有色根身。若異熟識不偏依止有色諸根應如六識非能執受。或所立因有不定失。是故藏識若現起者定有一依謂第七識。在有色界亦依色根。若識種子定有一依謂異熟識。初熏習位亦依能熏。餘如前說。（四解）有義前說皆不應理。未了所依與依別故。依謂一切有生滅法仗因託緣而得生住。諸所仗託皆說爲依。如王與臣互相依等。若法決定，有境，為主，令心心所取自所緣，乃是所依，即內六處，餘非有境定為主故，此但如王非如臣等。故諸聖教唯心心所名有所依，非色等法無所緣故，但說心所心為所依，不說心所為心所依，彼非主故。然有處說依為所依，或所依為依，皆隨宜假說。由此五識俱有所依定有四種，謂五色根六七八識，隨闕一種必不轉故，同境，分別，染淨，根本所依別故。聖教唯說依五根者，以不共故，又必同境近相順故。第六意識俱有所依唯有二種，謂七八識，隨闕一種必不轉故，雖五識俱取境明了而不定有故非所依。聖教唯說依第七者，染淨依故，同轉識攝近相順故。第七意識俱有所依但有一種，謂第八識，藏識若無定不轉故，如伽他說，「阿賴耶為依，故有末那轉，依止心及意，餘轉識得生。」阿賴耶識俱有所依亦但一種，謂第七識，彼識若無定不轉故，論說藏識恆與末那俱時轉故，又說藏識恆依染汙，此即末那，而說三位無末那者，依有覆說，如言四位無阿賴耶，非無第八，此亦應爾。雖有色界亦依五根，而不定有，非所依攝。識種不能現取自境，可有依義而無所依。心所所依隨識應說，復各加自相應之心。若作是說。妙符理教。後開導依。[二解]有義五識自他前後不相續故。必第六識所引生故。唯第六識爲開導依。第六意識自相續故。亦由五識所引生故。以前六識爲開導依。第七八識自相續故。不假他識所引生故。但以自類爲開導依。[三解](一)有義前說未爲究理。且前五識未自在位遇非勝境可如所說。若自在位如諸佛等於境自在諸根互用任運決定不假尋求彼五識身寧不相續。等流五識既爲決定染淨作意勢力引生。專注所緣未能捨頃。如何不許多念相續。故瑜伽說決定心後方有染淨。此後乃有等流眼識善不善轉。而彼不由自分別力。乃至此意不趣餘境經爾所時眼意二識或善或染相續而轉。如眼識生乃至身識應知亦爾。彼意定顯經爾所時眼意二識俱相續轉。既眼識時非無意識。故非二識互相續生。若增盛境相續現前逼奪身心不能暫捨。時五識身理必相續。如熱地獄戲忘天等。故瑜伽言若此六識爲彼六識等無間緣。即施設此名爲意根。若五識前後定唯有意識。彼論應言若此一識爲彼六識等無間緣。或彼應言若此六識爲彼一識等無間緣。既不如是。故知五

（一）述記卷二十七謂此是安慧說。勘安慧釋無文。但釋作意心所處有云。持心爲業就多念相續而說。

識有相續義。五識起時必有意識能引後念意識令起．何假五識爲開導依。無心睡眠悶絶等位意識斷已後復起時．藏識末那既恆相續亦應與彼爲開導依。若彼用前自類開導．五識自類何不許然．此既不然彼云何爾。平等性智相應末那初起必由第六意識．亦應用彼爲開導依。圓鏡智俱第八淨識初必六七方便引生．又異熟心依染汙意或依悲願相應善心．既爾必應許第八識亦以六七爲開導依。由此彼言都未究理。應說五識前六識內隨用何識爲開導依．第六意識用前自類或第七八爲開導依．第七末那用前自類或第六識爲開導依．阿陀那識用前自類及第六七爲開導依．皆不違理．由前說故。論有義此說亦不應理。開導依者．謂有緣法爲主能作等無間緣．此於後生心心所法開避引導名開導依．此但屬心非心所等。若此與彼無俱起義．說此於彼有開導力．一身八識既容俱起．如何異類爲開導依。若許爲依應不俱起．便同異部心不並生。又一身中諸識俱起多少不定．若容互作等無間緣．色等應爾．便違聖說等無間緣唯心心所。然攝大乘說色亦容有等無間緣者．是縱奪言，謂假縱小乘色心前後有等無間緣奪因緣故，不爾等言應成無用。若謂等言非遮多少但表同類，便違汝執異類識作等無間緣。是故八識各唯自類爲開導依，深契教理，自類必無俱起義故。心所此依，應隨識說。雖心心所異類並生，而互相應，和合似一，定俱生滅，事業必同，一開導時餘亦開導，故展轉作等無間緣，諸識不然，不應爲例。然諸心所非開導依，於所引生無主義故。若心心所等無間緣各唯自類，第七八識初轉依時相應信等此緣便闕，則違聖說諸心心所皆四緣生。無心睡眠悶絕等位意識雖斷，而後起時彼開導依卽前自類，間斷五識應知亦然，無自類心於中爲隔名無間故。彼先滅時已於今識爲開導故。何煩異類爲開導依。然聖教中說前六識互相引起，或第七八依六七生，皆依殊勝增上緣說，非等無間，故不相違。瑜伽論說若此識無間諸識決定生，說此爲彼等無間緣，又此六識爲彼六識等無間緣，卽施設此名意根者，言總意別，亦不相違。故自類依深契教理。傍論已了應辯正論，此能變識雖具三所依，而依彼轉言但顯前二，爲顯此識依緣同故，又前二依有勝用故。或開導依易了知故。

如（一）是已說此識所依。所緣云何。謂卽緣彼。（二）彼謂卽前此所依識。聖說此識緣藏識故。

一解（三）有義此意緣彼識體及相應法。論說末那我我所執恆相應故。謂緣彼體及相應法如次執爲我及我所。然諸心所不離識故。如唯識言無違教失。二解有義彼說理不應然。曾無處言緣觸等故。應言此意但緣彼識見及相分如次執爲我及我所。相見俱以識爲體故不違聖說。三解有義此說亦不應理。五色根境非識蘊故。應同五識亦緣外故。應如意識緣共境故。應生無色者不執我所故。厭色生彼不變色故。應說此意但緣藏識及彼種子如次執爲我及我所。以種卽是彼識功能非實有物不違聖教。四解有義前說皆不應理。色等種子非識蘊故。論說種子是實有故。假應如無非因緣故。又此識俱薩迦耶見任運一類恆相續生何容別執有我我所。無一心中有斷常等二境別執俱轉義故。亦不應說二執前後。此無始來一味轉故。應知此意但緣藏識見分非餘。彼無始來一類相續似常一故。恆與諸法爲所依故。此唯執彼爲自內我。乘語

（一）安慧釋以此合前所依爲一段解。不別生起。（二）此句糅安慧釋。（三）此下別辯所緣。安慧釋無文。述記卷二十七。謂第三解是安慧說。但原釋云與有身見等相應故緣藏識爲我我所。不分別緣識及種子。

勢故說我所言。或此執彼是我之我。故於一見義說二言。若作是說善順教理。多處唯言有我見故。我我所執不俱起故。未轉依位唯緣藏識。既轉依已亦緣真如及餘諸法。平等性智證得十種平等性故。知諸有情勝解差別示現種種佛影像故。此中且說未轉依時。故但說此緣彼藏識。悟迷通局理應爾故。無我我境徧不徧故。如(一)何此識緣自所依。如有後識即緣前意。彼既極成此亦何咎。

頌言思量爲性相者。雙顯此識自性行相。意(二)以思量爲自性故。即復用彼爲行相故。由(三)斯兼釋所立別名。能審思量名末那故。未轉依位恆審思量所執我相。已轉依位亦審思量無我相故。

此(四)意相應有幾心所。且與四種煩惱常俱。此(五)中俱言顯相應義。謂從無始至未轉依。此意任運恆緣藏識。與四根本煩惱相應。其(六)四者何。謂我癡我見并我慢我愛。是名四種。我(七)癡者。謂無明。愚於我相迷無我理。故名我癡。我見者。謂我執。於非我法妄計爲我。故名我見。我慢者。謂倨(八)傲。恃所執我令心高舉。故名我慢。我愛者。謂我貪。於所執我深生耽著。故名我愛。并表慢愛有見慢俱。遮餘部執無相應義。此四常起擾

(一)此段糅安慧釋說諸緣前等無間意也。(二)此句糅安慧釋發本無相字故安慧不釋行相。(三)此二句糅安慧釋。(四)此句生起糅安慧釋次句牒頌。(五)此段糅安慧釋。(六)此句生起糅安慧釋次二句牒頌答。(七)此段糅安慧釋但原釋文意三惑皆依我見而起。(八)原刻作踞今依慧琳一切經音義卷五十一改。

濁內心令外轉識恆成雜染有情由此生死淪迴不能出離故名煩惱。彼(一)有十種此何唯四有我見故餘見不生無一心中有二慧故如何此識要有我見二取邪見但分別生唯見所斷此俱煩惱唯是俱生修所斷故我所邊見依我見生此相應見不依彼起恆內執有我故要有我見由見審決疑無容起愛著我故瞋不得生故此識俱煩惱唯四見慢愛三如何俱起行相無違俱起何失瑜伽論說貪令心下慢令心舉寧不相違分別俱生外境內境所陵所恃麤細有殊故彼此文義無乖返。

此(二)意心所唯有四耶。不爾。及餘觸等俱故。一解(三)有義此意心所唯九前四及餘觸等五法即觸作意受想與思意與偏行定相應故前說觸等異熟識俱恐謂同前亦是無覆顯此異彼故置餘言。(四)及是集義前四後五合與末那恆相應故。

此(五)意何故無餘心所。謂欲希望未遂合事此識任運緣遂合境無所希望故無有欲勝解印持曾未定境此識無始恆緣定事無所印持故無勝解念唯記憶曾所習事

(一)此下別辨廢立安慧釋無文。 (二)此句生起糅安慧釋次二句牒頌答。 (三)此解同轉識論又糅安慧釋原釋謂染意與五遍行四煩惱相應不說有餘心法。 (四)此句糅安慧釋原釋云又者總攝之意。 (五)此下別辨餘所不相應安慧釋無文。

(二)此解及下別辨隨惑多少。安慧釋均無文。

此識恆緣現所受境無所記憶故無有念。定唯繫心專注一境。此識任運剎那別緣既不專一故無有定。慧卽我見故不別說。善是淨故非此識俱。隨煩惱生必依煩惱前後分位差別建立。此識恆與四煩惱俱前後一類分位無別故此識俱無隨煩惱。惡作追悔先所造業。此識任運恆緣現境非悔先業故無惡作。睡眠必依身心重昧外衆緣力有時暫起。此識無始一類內執不假外緣故彼非有。尋伺俱依外門而轉淺深推度麤細發言。此識唯依內門而轉一類執我故非彼俱。

二解(二)有義彼釋餘義非理。頌別說此有覆攝故。又闕意俱隨煩惱故。煩惱必與隨煩惱俱故此餘言顯隨煩惱。

此中一解有義五隨煩惱徧與一切染心相應。如集論說惛沈掉擧不信懈怠放逸於一切染汙品中恆共相應。若離無堪任性等染汙性成無是處故。煩惱起時心既染汙故染心位必有彼五。煩惱若起必由無堪任囂動不信懈怠放逸故。掉擧雖徧一切染心而貪位增但說貪分。如眠與悔雖徧三性心而癡位增但說爲癡分。雖餘處說有隨煩惱或六或十偏諸染心，而彼俱依別義說偏，非彼實偏一切染心。謂依二十隨煩惱中解通麤細，無記不善，通障定慧，相顯說六，依二十二隨煩惱中解通麤細，二性說十，故此彼說非互相違。然此意俱心所十五，謂前九法，五隨煩惱，并別境慧。我見雖是別境慧攝，而五十一心所法中義有差別，故開爲二。何緣此意無餘心所。謂忿等十行相麤動，此識審細，故非彼俱，無慚無愧唯是不善，此無記故非彼相應，散亂令心馳流外境，此恆內執一類境生，不外馳流，故彼非有，不正知者謂起外門身語意行違越軌則，此唯內執，故非彼俱。無餘心所義如前說。二解有義應說六隨煩惱偏與一切染心相應，瑜伽論說不信懈怠放逸忘念散亂惡慧一切染心皆相應故，忘念散亂惡慧若無，心必不能起諸煩惱，要緣曾受境界種類發起忘念及邪簡擇，方起貪等諸煩惱故，煩惱起時心必流蕩，皆由於境起散亂故，惛沈掉舉行相互違，非諸染心皆能偏起。論說五法偏染心者，解通麤細，違唯善法，純隨煩惱，通二性故，說十偏言義如前說。然此意俱心所十九，謂前九法，六隨煩惱，并念定慧及加惛沈。

此別說念準前慧釋。幷有定者。專注一類所執我境曾不捨故。加惛沈者。謂此識俱無明尤重心惛沈故。無掉舉者此相違故。無餘心所。如上應知。三解有義復說十隨煩惱徧與一切染心相應。瑜伽論說放逸掉舉惛沈不信懈怠邪欲邪勝解邪念散亂不正知此十一切染汙心起。通一切處三界繫故。若無邪欲邪勝解時心必不能起諸煩惱。於所受境要樂合離印持事相方起貪等諸煩惱故。諸疑理者於色等事必無猶豫。故疑相應亦有勝解。於所緣事亦猶豫者非煩惱疑。如疑人杌。餘處不說此二徧者。緣非愛事疑相應心邪欲勝解非麤顯故。餘互有無義如前說。此意心所有二十四。謂前九法。十隨煩惱。加別境五。準前理釋。無餘心所。如上應知。四解有義前說皆未盡理。且疑他世為有為無。於彼有何欲勝解相。煩惱起位若無惛沈。應不定有無堪任性。掉舉若無。應無囂動。便如善等非染汙位。若染心中無散亂者。應非流蕩非染汙心。若無失念不正知者。如何能起煩惱現前。故染汙心決定皆與八隨煩惱相應而生。謂惛沈掉舉不信懈怠放逸忘念散亂不正知。忘念不正知念慧為性者不徧染心。非諸染心皆緣曾受有簡擇故。若以無明爲自性者徧染心起。由前說故。然此意俱心所十八。謂前九法。八隨煩惱。幷別境慧。無餘心所及論三文。準前應釋。若作是說不違理教。」

成唯識論卷第四

成唯識論卷第五

護法等菩薩造

唐三藏法師玄奘奉詔譯

此染汙意何受相應。〈一解〉有義此俱唯有喜受。恆內執我生喜愛故。〈二解〉有義不然。應許喜受乃至有頂。違聖言故。應說此意四受相應。謂生惡趣憂受相應。緣不善業所引果故。生人欲天初二靜慮喜受相應。緣有喜地善業果故。第三靜慮樂受相應。緣有樂地善業果故。第四靜慮乃至有頂捨受相應。緣唯捨地善業果故。〈三解〉有義彼說亦不應理。此無始來任運一類緣內執我恆無轉易。與變異受不相應故。又此末那與前藏識義有異者。皆別說之。若四受俱亦應別說。既不別說定與彼同。(一)故此相應唯有捨受。未轉依位與前所說心所相應。已轉依位唯二十一心所俱起。謂徧行別境各五善十一。如第八識已轉依位唯捨受俱。任運轉故。恆於所緣平等轉故。(二)末那心所何性所攝。有覆無記所攝非餘。(三)此意相應四煩惱等是染法故。障礙聖道隱蔽自心。說名有覆。非善不善故名無

(一)此解同安慧釋。原釋第二識變心所文末云。染意唯捨受。但不釋所以。(二)安慧釋以此義合上與四煩惱俱為一段解。不別生起。但釋文有云煩惱有不善無記二類。今簡不善云無記也。(三)此二句糅安慧釋。

記。如上二界諸煩惱等定力攝藏是無記攝。此俱染法所依細故任運轉故亦無記攝。若已轉依唯是善性。(一)末那心所何地繫耶。隨彼所生彼地所繫。(二)謂生欲界現行末那相應心所即欲界繫。乃至有頂應知亦然。任運恆緣自地藏識執為內我非他地故。(三)若起彼地異熟藏識現在前者名生彼地。染汙末那緣彼執我即繫屬彼名彼所繫。或為彼地諸煩惱等之所繫縛名彼所繫。若已轉依即非所繫。(四)此染汙意無始相續。何位永斷或暫斷耶。阿羅漢滅定出世道無有。(五)阿羅漢者總顯三乘無學果位。此位染意種及現行俱永斷滅故說無有。學位滅定出世道中俱暫伏滅故說無有。謂染汙意無始時來微細一類任運而轉。諸有漏道不能伏滅。三乘聖道有伏滅義。真無我解違我執故。後得無漏現在前時是彼等流亦違此意。真無我解及後所得俱無漏故名出世道。滅定既是聖道等流。極寂靜故此亦非有。由未永斷此種子故從滅盡定聖道起已此復現行乃至未滅。然此染意相應煩惱是俱生故非見所斷。是染汙故非非所斷。極微細故所有種子與有頂地下下煩惱一時頓斷勢力等故金剛喻定現在前時頓斷此種成

(一)此句生起。糅安慧釋。原釋云。如說我癡等煩惱亦如意有九地(引經文)。今既總說。不審是何者相應。故頌云云。(二)此三句糅安慧釋。(三)此二句糅安慧釋。原釋係解依彼轉句。(四)安慧釋此段生起云。染汙意無息時。從何得脫。將成不能解脫之失。報但無此失。此所以者。如頌云云。(五)此解糅安慧釋。原釋略云。染意屬於修斷有頂煩惱。得羅漢時由無間道無餘永斷故。無所有。又不還果既離無所有處貪。得滅盡定由彼力故如定亦

（一）此下別辨染淨。安慧釋無文。述記卷二十九云此第一解是安慧說未詳何據。或原釋處處以染汚意 Klista-Mana 爲言。因謂不說淨意。但今譯亦雜用此名無所簡別也。

阿羅漢。故無學位永不復起。二乘無學迴趣大乘從初發心至未成佛。雖實是菩薩亦名阿羅漢。應義等故不別說之。

（一解）此中有義末那唯有煩惱障俱。聖教皆言三位無故。又說四惑恆相應故。又說爲識雜染依故。（二解）有義彼說教理相違。出世末那經說有故。無染意識如有染時定有俱生不共依故。論說藏識決定恆與一識俱轉。所謂末那。意識起時則二俱轉。所謂意識及與末那。若五識中隨起一識則三俱轉。乃至或時頓起五識則七俱轉。若住滅定無第七識。爾時藏識應無識俱。便非恆定一識俱轉。住聖道時若無第七。爾時藏識應一識俱。如何可言若起意識爾時藏識定二俱轉。顯揚論說末那恆與四煩惱相應。或翻彼相應。恃舉爲行。或平等行。故知此意通染不染。若由論說阿羅漢位無染意故便無第七。應由論說阿羅漢位捨藏識故便無第八。彼既不爾。此云何然。又諸論言轉第七識得平等智。彼如餘智定有所依相應淨識。此識無者彼智應無。非離所依有能依故。不可說彼依六轉識。許佛恆行如鏡智故。又無學位若無第七識彼第八識應無俱有依。然必有此依。如餘識性故。又如未證補特伽羅無我者彼我執恆行。亦應未證法無我者法我執恆行。此識若無。彼依何識。非依第八。彼無慧故。由此應信二乘聖道滅定無學此識恆行。彼未證得法無我故。又諸論中以五同法證有第七爲第六依。聖道起時及無學位若無第七爲第六依。所立宗因便俱有失。或應五識亦有無依。五恆有依。六亦應爾。是故定有無染汙意於上三位恆起現前。言彼無有者依染意說。如說四位無阿賴耶非無第八。此亦應爾。[1]此意差別略有三種。一補特伽羅我見相應。二法我見相應。三平等性智相應。初通一切異生相續。二乘有學七地以前一類菩薩有漏心位。彼緣阿賴耶識起補特伽羅我見。次通一切異生聲聞獨覺相續。一切菩薩法空智果不現前位。彼緣異熟識起法我見。後通一切如來相續。菩薩見道及修道中法空智果現在前位。彼緣無垢異熟識等起平等性智。補特伽羅我見起位彼法我見亦必現前。我執必依法執而起。如夜迷杌等方謂人等故。我法二見用雖有別而不相違同依一慧。如眼識等體雖是一而有了別青

〔一〕此下別辨末那分位。安慧釋無文。

(一一)此下別以教理證有末那。安慧釋無文。

等多用不相違故。此亦應然。二乘有學聖道滅定現在前時。頓悟菩薩於修道位有學漸悟生空智果現在前時。皆唯起法執。我執已伏故。二乘無學及此漸悟法空智果不現前時。亦唯起法執。我執已斷故。八地以上一切菩薩所有我執皆永不行。或已永斷或永伏故。法空智果不現前時猶起法執不相違故。如有經說八地以上一切煩惱不復現行唯有所依所知障在。此所知障是現非種。不爾煩惱亦應在故。法執俱意於二乘等雖名不染。於諸菩薩亦名爲染。障彼智故。由此亦名有覆無記。於二乘等說名無覆。不障彼智故。是異熟生攝。從異熟識恒時生故名異熟生非異熟果。此名通故。如增上緣餘不攝者皆入此攝。(一一)云何應知此第七識離眼等識有別自體。聖教正理爲定量故。謂薄伽梵處處經中說心意識三種別義。集起名心。思量名意。了別名識。是三別義。如是三義雖通八識而隨勝顯第八名心。集諸法種起諸法故。第七名意。緣藏識等恒審思量爲我等故。餘六名識。於六別境麤動間斷了別轉故。如入楞伽伽他中說。藏識說名心。思量性名意。能了諸境相是說名爲識。又大乘經處處別說有第七識。故此別有。諸大乘經是至教量前已廣說。故不重成。解脫經中亦別說有此第七識。如彼頌言。染汙意恆時、諸惑俱生滅。若解脫諸惑、非曾非當有。彼經自釋此頌義言。有染汙意從無始來與四煩惱恆俱生滅。謂我見我愛及我慢我癡。對治道生斷煩惱已此意從彼便得解脫。爾時此意相應煩惱非唯現無亦無過(一)未。過去未來無自性故。如是等教諸部皆有。恐厭廣文故不繁述。已引聖教。當顯正理。謂契經說不共無明微細恆行覆蔽真實。若無此識彼應非有。謂諸異生於一切分恆起迷理不共無明。覆真實義障聖慧眼。如伽他說。真義心當生、常能為障礙、俱行一切分、謂不共無明。是故契經說異生類恆處長夜無明所盲惛醉纏心曾無醒覺。若異生位有暫不起此無明時便違經義。俱異生位迷理無明有行不行不應理故。此依六識皆不得成。應此間斷彼恆染故。許有末那便無此失。染意恆與四惑相應。此俱無明何名不共。(一解)有義此俱我見慢愛非根本煩惱。名不共何失。(二解)有義彼說理教相違。純隨煩惱中不說此三故。此三六(二)十煩惱攝故。處處皆說染汙末那與

(一)此二字原刻作見在，今依述記卷二十及麗刻改。(二)原刻作中，今依述記卷二十及麗刻改。

四煩惱恆相應故。應說四中無明是主．雖三俱起亦名不共．從無始際恆內惛迷曾不省察癡增上故。此俱見等應名相應．若爲主時應名不共．如無明故許亦無失。三解有義此癡名不共者．如不共佛法．唯此識有故。若爾餘識相應煩惱此識中無．應名不共．依殊勝義立不共名．非互所無皆名不共。謂第七識相應無明無始恆行障真義智．如是勝用餘識所無．唯此識有故名不共。既爾此俱三亦應名不共．無明是主．獨得此名。或許餘三亦名不共．對餘癡故且說無明。不共無明總有二種．一恆行不共．餘識所無．二獨行不共．此識非有。故瑜伽說無明有二．若貪等俱者名相應無明．非貪等俱者名獨行無明。是主獨行唯見所斷．如契經說諸聖有學不共無明已永斷故不造新業．非主獨行亦修所斷．忿等皆通見所斷故。恆行不共餘部所無．獨行不共此彼俱有。又契經說眼色爲緣生於眼識．廣說乃至意法爲緣生於意識．若無此識彼意非有。謂如五識必有眼等增上不共俱有所依．意識既是六識中攝．理應許有如是所依．此識若無．彼依寧有。不可說色爲彼所依．意非色故．意識應無隨念計度二分別故。亦不可說五識無有俱有所依。彼與五根俱時而轉如牙影故。又識與根既必同境。如心心所決定俱時。由此理趣極成意識如眼等識必有不共顯自名處等無間不攝。增上生所依極成六識隨一攝故。又契經說思量名意。若無此識彼應非有。謂若意識現在前時等無間意已滅非有過去未來理非有故。彼思量用定不得成。既爾如何說名爲意。若謂假說理亦不然。無正思量。假依何立。若謂現在曾有思量爾時名識寧說爲意。故知別有第七末那恆審思量正名爲意已滅依此假立意名。又契經說無想滅定染意若無彼應無別。謂彼二定俱滅六識及彼心所體數無異。若無染意於二定中一有一無。彼二何別。若謂加行界地依等有差別者理亦不然。彼差別因由此有故。此若無者彼因亦無。是故定應別有此意。又契經說無想有情一期生中心心所滅。若無此識彼應無染。謂彼長時無六轉識若無此意我執便無。非於餘處有具縛者一期生中都無我執。彼無我執應如涅槃便非聖賢同所訶厭。初後有故無如是失。中間長時無故有過。去來有故無如是失。彼非現常無故有過。所得無故能得亦無。不相應法前已遮破。藏識無故熏習亦無。餘法受熏已辯非理。故應別有染汙末那於無想天恆起我執。由斯賢聖同訶厭彼。又契經說異生善染無記心時恆帶我執。若無此識彼不應有。謂異生類三性心時雖外起諸業而內恆執我。由執我故令六識中所起施等不能亡相。故瑜伽說染汙末那爲識依止。彼未滅時相了別縛不得解脫。末那滅已相縛解脫。言相縛者謂於境相不能了達如幻事等。由斯見分相分所拘不得自在故名相縛。依如是義有伽他言。如是染汙意，是識之所依，此意未滅時，識縛終不脫。又善無覆無記心時若無我執應非有漏。自相續中六識煩惱與彼善等不俱起故。去來緣縛理非有故。非由他惑成有漏故。勿由他解成無漏故。又不可說別有隨眠是不相應現相續起由斯善等成有漏法。彼非實有已極成故。亦不可說從有漏種生彼善等故成有漏。彼種先無因可成有漏故。非由漏種彼成有漏。勿學無漏心亦成有漏故。雖由煩惱引施等業而不俱起。故非有漏正因。以有漏言表漏俱故。又無記業非煩惱引。彼復如何得成有漏。然諸有漏由與自身現行煩惱俱生俱滅互相增益方成有漏。由此熏成有漏法種。後時現起有漏義成。異生既然。有學亦爾。無學有漏雖非漏俱。而從先時有漏種起。故成有漏於理無違。由有末那恆起我執令善等法有漏義成。此意若無彼定非有。故知別有此第七識。證有此識理趣甚多。隨攝大乘略述六種。諸有智者應隨信學。然有經中說六識者。應知彼是隨轉理門。或隨所依六根說六。而識類別實有八種。

如[一]是已說第二能變。第三能變其相云何。頌曰。

次[二]第三能變　差別有六種　了境爲性相　善不善俱非(八)

論曰。次中思量能變識後應辯了境能變識相。此識差別總有六種。隨六根境種類異故。謂名眼識乃至意識。隨根立名具五義故。五謂依發屬助如根。雖六識身皆依意轉。然隨不共立意識名。如五識身無相濫過。或唯依意故名意識。辯識得名心意非例。或名色識乃至法識。隨境立名順識義故。謂於六境了別名識。色等五識唯了色等。法識通能了一切法。或能了別法獨得法識名故六識名無相濫失。此後隨境立六識名依

(一)此段生起糅安慧釋。　(二)勘梵藏本原以前第七識頌末單句是第三能變爲此第八頌首句。此二句則合爲一頌云第三六種境能緣慮者是此云緣慮 upalabdhi 與前第二頌云了別境之了別 vijñapti 字異今譯改文。又頌中本無能變二字安慧釋頌始云具足應云第三識變。又頌本無此差別有及爲性相等字勘轉識論云第三塵

（一）安慧釋緣慮。云執著及分別之意。餘無文。　（二）此句生起。糅安慧釋。次句糅頌。　（三）此三句糅安慧釋。但原釋在次下出。　（四）此解糅安慧釋原釋。但云與二善不善根相應。又次在前出。

五色根未自在說。若得自在諸根互用。一根發識緣一切境。但可隨根無相濫失。莊嚴論說如來五根一一皆於五境轉者且依麤顯同類境說。佛地經說成所作智決擇有情心行差別起三業化作四記等。若不偏緣無此能故。然六轉識所依所緣麤顯極成故此不說。前隨義便已說所依。此所緣境義便當說。次言了境爲性相者。雙顯六識自性行相。識（一）以了境爲自性故。即復用彼爲行相故。由斯兼釋所立別名。能了別境名爲識故。如契經說眼識云何。謂依眼根了別諸色。廣說乃至意識云何。謂依意根了別諸法。彼經且說不共所依未轉依位見分所了。餘所依了如前已說。（二）此六轉識何性攝耶。謂善不善俱非性攝。（三）俱非者謂無記。非善不善故名俱非。能爲此世他世順益故名爲善。人天樂果雖於此世能爲順益。非於他世故不名善。能爲此世他世違損故名不善。惡趣苦果雖於此世能爲違損。非於他世故非不善。於善不善益損義中不可記別故名無記。（四）此六轉識若與信等十一相應是善性攝。與無慚等十法相應不善性攝。俱不相應無記性攝。

一解(一)有義六識三性不俱。同外門轉互相違故。五識必由意識導引。俱生。同境。成善染故。若許五識三性俱行。意識爾時應通三性。便違正理。故定不俱。瑜伽等說藏識一時與轉識相應三性俱起者。彼依多念。如說一心非一生滅。無相違過。二解有義六識三性容俱。率爾等流眼等五識或多或少容俱起故。五識與意雖定俱生。而善性等不必同。故前所設難於此唐捐。故瑜伽說若遇聲緣從定起者。與定相應意識俱轉。餘耳識生。非唯彼定相應意識能取此聲。若不爾者。於此音聲不領受故不應出定。非取聲時卽便出定。領受聲已若有希望後時方出。在定耳識率爾聞聲理應非善。未轉依者率爾墮心定無記故。由此誠證五俱意識非定與五善等性同。諸處但言五俱意識亦緣五境。不說同性。雜集論說等引位中五識無者。依多分說。若五識中三性俱轉。意隨偏注與彼性同。無偏注者便無記性。故六轉識三性容俱。得自在位唯善性攝。佛色心等道諦攝故。已永滅除戲論種故。(二)六識與幾心所相應。頌曰。

(一)此下別辯三性。安慧釋無文。　(二)此句生起。糅安慧釋。

此(一)心所徧行。　別境。善。煩惱。　隨煩惱。不定。　三受共相應。九

論曰。此(二)六轉識總與六位心所相應。謂徧行等。恆依心起。與心相應。繫屬於心。故名心所。如屬我物立我所名。心於所緣唯取總相。心所於彼亦取別相。助成心事得心所名。如畫師資作模填彩。故瑜伽說識能了別事之總相。作意了此所未了相。即諸心所所(三)取別相。觸能了此可意等相。受能了此攝受等相。想能了此言說因相。思能了此正因等相。故作意等名心所法。此表心所亦緣總相。餘處復說欲亦能了可樂事相。勝解亦了決定事相。念亦能了串習事相。定慧亦了得失等相。由此於境起善染等。諸心所法皆於所緣兼取別相。雖諸心所名義無異。而有六位種類差別。謂徧行有五。別境亦五。善有十一。煩惱有六。隨煩惱有二十。不定有四。如是六位合五十一。一切心中定可得故。緣別別境而得生故。唯善心中可得生故。性是根本煩惱攝故。唯是煩惱等流性故。於善染等皆不定故。然瑜伽論合六為五。煩惱隨煩惱俱是染故。復以四一切辯五差別。謂一切性及地時俱。五中徧行具四一切。別境唯有初二一切。善唯有一謂一切地。

（一）磧藏本原結頌法心所二字在善字下合為第二句煩惱字下隨煩惱為第三句無不定二字轉識論亦同蓋以惡作等四法為隨煩惱也又轉識論合說五遍行與五別境為十心法與此文異。　（二）安慧釋不解此頌。

（三）此二字原刻互倒今依述記卷二十二及麗刻改。

染四皆無。不定唯一。謂一切性。由此五位種類差別。(一)此六轉識易脫不定。故皆容與三受相應。皆領順違非二相故。領順境相適悅身心說名樂受。領違境相逼迫身心說名苦受。領中容境相於身於心非逼非悅名不苦樂受。

(二)如是三受或各分二。五識相應說名身受。別依身故。意識相應說名心受。唯依心故。又三皆通有漏無漏。苦受亦由無漏起故。或各分三。謂見所斷。修所斷。非所斷。又學無學非二為三。或總分四。謂善不善有覆無覆二無記受。有義三受容各分四。五識俱起任運貪癡。純苦趣中任運煩惱不發業者。是無記故。彼皆容與苦根相應。瑜伽論說。若任運生一切煩惱皆於三受現行可得。若通一切識身者徧與一切根相應。不通一切識身者意地一切根相應。雜集論說。若欲界繫任運煩惱發惡行者亦是不善。所餘皆是有覆無記。故知三受各容有四。或總分五。謂苦樂憂喜捨。三中苦樂各分二者。逼悅身心相各異故。由無分別有分別故。尤重輕微有差別故。不苦不樂不分二者。非逼非悅相無異故。無分別故。平等轉故。諸適悅受五識相應恆名為樂。

(一)安慧釋下解五位心所文末云。如六種了別識隨應與遍行等心所相應。如是隨應與樂等三受相應。於喜等所攝色等境起故。　(二)此下廣辨三受。安慧釋無文。

意識相應若在欲界初二靜慮近分名喜。但悅心故。若在初二靜慮根本名樂名喜。悅身心故。若在第三靜慮近分根本名樂。安靜尤重無分別故。諸逼迫受五識相應恆名為苦。意識俱者一解（一）有義唯憂。逼迫心故。諸聖教說意地慼受名憂根故。瑜伽論說生地獄中諸有情類異熟無間有異熟生苦憂相續。又說地獄尋伺憂俱一分鬼趣傍生亦爾。故知意地尤重慼受尚名為憂。況餘輕者。二解有義通二。人天中者恆名為憂。非尤重故。傍生鬼界名憂名苦。雜受純受有輕重故。捺落迦中唯名為苦。純受尤重無分別故。瑜伽論說若任運生一切煩惱皆於三受現行可得。廣說如前。又說俱生薩迦耶見唯無記性。彼邊執見應知亦爾。此俱苦受非憂根攝。論說憂根非無記故。又瑜伽說地獄諸根餘三現行定不成就。純苦鬼界傍生亦爾。餘三定是樂喜憂根。以彼必成現行捨故。豈不客（二）捨彼定不成。寧知彼文唯說客受。應不說彼定成意根。彼六客識有時無故。不應彼論唯說客受。通說意根無異因故。又若彼論依客受說。如何說彼定成八根。若謂五識不相續故。定說憂根為第八者。死生悶絕寧有憂根。

（一）述記卷三十二謂此是安慧說，勘安慧釋無文。
（二）原刻作容，今依述記卷三十二及麗刻改，次俱同。

有執苦根爲第八者。亦同此破。設執一形爲第八者。理亦不然。形不定故。彼惡業招容無形故。彼由惡業令五根門恆受苦故定成眼等。必有一形於彼何用。非於無間大地獄中可有希求婬欲事故。由斯第八定是捨根。第七八識捨相應故。如極樂地意悅名樂無有喜根。故極苦處意迫名苦無有憂根。故餘三言定憂喜樂。餘處說彼有等流樂。應知彼依隨轉理說。或彼通說餘雜受處無異熟樂名純苦故。然諸聖教意地慼受名憂根者。依多分說。或隨轉門。無相違過。瑜伽論說生地獄中諸有情類異熟無間有異熟生苦憂相續。又說地獄尋伺憂俱一分鬼趣傍生亦爾者。亦依隨轉門。又彼苦根意識俱者。是餘憂類假說爲憂。或彼苦根損身心故雖苦根攝而亦名憂。如近分喜益身心故雖是喜根而亦名樂。顯揚論等具顯此義。然未至地定無樂根。說彼唯有十一根故。由此應知意地慼受純受苦處亦苦根攝。此等聖教差別多門。恐文增廣故不繁述。一解有義六識三受不俱。皆外門轉。互相違故。五俱意識同五所緣。五三受俱意亦應爾。便違正理。故必不俱。瑜伽等說藏識一時與轉識相應三

(一)此段生起釋安慧釋。 (二)勘梵藏本此句無徧行二字。祇六頌合下欲字乃足一句。安慧釋亦以初謂遍行爲解。可知頌本無此二字也。今譯增文。 (三)梵藏本無此次字。 (四)勘梵藏本無此一句。以下善謂信慚愧句足第十頌。符於頌式。今譯增文。 (五)此三句解同轉識論。又釋安慧釋。

受俱起者。彼依多念。如說一心非一生滅。無相違過。(二解)有義六識三受容俱。順違中境容俱受故。意不定與五受同故。於偏注境起一受故。無偏注者便起捨故。由斯六識三受容俱。

得自在位唯樂喜捨。諸佛已斷憂苦事故。(一)前所略標六位心所。今應廣顯彼差別相。且初二位其相云何。頌曰。

初(二)偏行觸等。 次(三)別境謂欲 勝解念定慧 所緣事不同。一。

論曰。六(五)位中初偏行心所。卽觸等五。如前廣說。此偏行相云何應知。由教及理爲定量故。此中教者。如契經言。眼色爲緣生於眼識。三和合觸。與觸俱生有受想思。乃至廣說。由斯觸等四是偏行。又契經說。若根不壞境界現前作意正起。方能生識。餘經復言。若復於此作意。卽於此了別。若於此了別。卽於此作意。是故此二恆共和合。乃至廣說。由此作意亦是偏行。此等聖教誠證非一。理謂識起必有三和。彼定生觸。必由觸有。若無觸者。心心所法應不和合觸一境故。作意引心令趣自境。此若無者心應無故。受能領納順違中境令心等起歡慼捨相。無心起時無隨一故。想能安立自境分齊。若心起時無此想者應不能取境分齊相。思令心取正因等相造作善等。無心起位無此隨一。故必有思。由此證知觸(一)等五法心起必有故是徧行。餘非徧行。義至當說。(二)次別境者。謂欲至慧。(三)所緣境事多分不同。於六位中次初說故。云何爲欲。(四)於所樂境希望爲性。勤依爲業。一解有義所樂謂可欣境。於可欣事欲見聞等有希望故。於可厭事希彼不合望彼別離。豈非有欲。此但求彼不合離時可欣自體非可厭事。故於可厭及中容境一向無欲。緣可欣事若不希望。亦無欲起。二解有義所樂謂所求境。於可欣厭求合離等有希望故。於中容境一向無欲。緣欣厭事若不希求亦無欲起。三解有義所樂謂欲觀境。於一切事欲觀察者有希望故。若不欲觀隨因境勢任運緣者卽全無欲。由斯理趣欲非徧行。有說要由希望境力諸心心所方取所緣故經說欲爲諸法本。彼說不然。心等取境由作意故。諸聖教說作意現前能生識故。曾無處說由欲能生心心所故。如說諸法愛爲根本。豈心心所皆由愛生。(五)故說欲爲諸法本者。說欲所起一切事業。或說善欲能發正勤由彼助

（一）此句解釋安慧釋。但原釋無教理證。（二）勘安慧釋。此句爲別段生起之文。次句牒頌。（三）安慧釋云。於差別境一一決定故名別境。彼等境各差別非一切故。（四）此段除末及初有義一段皆安慧釋。（五）此二字原刻互倒。今依述記卷二十二及麗刻改。

成一切善事。故論說此勤依爲業。云何勝解。(二)於決定境印持爲性。不可引轉爲業。謂邪正等教理證力於所取境審決印持。由此異緣不能引轉。故猶豫境勝解全無。非審決心亦無勝解。由斯勝解非偏行攝。有說心等取自境時無拘礙故皆有勝解。彼說非理。所以者何。能不礙者卽諸法故。所不礙者卽心等故。勝發起者根作意故。若由此故彼勝發起。此應復待餘便有無窮失。云何爲念。(一)於曾習境令心明記不忘爲性。定依爲業。謂數憶持曾所受境令不忘失能引定故。於曾未受體類境中全不起念。設曾所受不能明記念亦不生。故念必非偏行所攝。有說心起必與念俱能爲後時憶念因故。彼說非理。勿於後時有癡信等前亦有故。前心心所或想勢力足爲後時憶念因故。云何爲定。(三)於所觀境令心專注不散爲性。智依爲業。謂觀德失俱非境中由定令心專注不散。依斯便有決擇智生。心專注言顯所欲住卽便能住。非唯一境。不爾見道歷觀諸諦前後境別應無等持。若不繫心專注境位便無定起。故非偏行。有說爾時亦有定起但相微隱。應說誠言。若定能令心等和合同趣一境。故是偏行。理亦不然。是觸用故。若謂此

(二)此解至不能引轉句糅安慧釋。又原釋云。印持者謂此事如是不如餘也。(一)此句糅安慧釋。原釋云不散亂爲業。謂不於餘所緣行相散亂也 (三)此解至決擇智生句糅安慧釋。

定令剎那頃心不易緣故偏行攝。亦不應理。一剎那心自於所緣無易義故。若言由定心取所緣故偏行攝。彼亦非理。作意令心取所緣故。有說此定體卽是心。經說爲心學心一境性故。彼非誠證。依定攝心令心一境說彼言故。根力覺支道支等攝如念慧等非卽心故。云何爲慧。(一)於所觀境簡擇爲性。斷疑爲業。謂觀德失俱非境中由慧推求得決定故。於非觀境愚昧心中無簡擇故。非偏行攝。有說爾時亦有慧起。但相微隱。天愛寧知。對法說爲大地法故。諸部對法展轉相違。汝等如何執爲定量。唯觸等五經說偏行。說十非經。不應固執。然欲等五非觸等故。定非偏行。如信貪等。

(二)有義。此五定互相資隨一起時必有餘四。有義。(三)不定。瑜伽說此四一切中無後二故。又說此五緣四境生所緣能緣非定俱故。應說此五或時起一。謂於所樂唯起希望。或於決定唯起印解。或於曾習唯起憶念。或於所觀唯起專注。謂愚昧類爲止散心雖專注所緣而不能簡擇。世共知彼有定無慧。彼加行位少有聞思。故說等持緣所觀境。或依多分故說是言。如戲忘天專注一境起貪瞋等。有定無慧。(四)諸如是等。其類

(一)此解至得決定故句。無安慧釋。但原釋云。於如理不如理俱非境界簡擇爲性。 (二)此下諸門廣辨。安慧釋無文。 (三)安慧釋五別境心所末云。此五法互異而起。若此處起勝解者必不更起餘法。一切應如是說。略同此義。 (四)原刻作足。今依述記卷二十二及麗刻改。

實繫。或於所觀唯起簡擇謂不專注馳散推求。或時起二。謂於所樂決定境中起欲
勝解。或於所樂曾習境中起欲及念。如是乃至於所觀境起定及慧。[一一]合有十二。或時
起三。謂於所樂決定曾習起欲解念。如是乃至於曾所觀起念定慧。合有十三。或時
起四。謂於所樂決定曾習所觀境中起前四種。如是乃至於定曾習所觀境中起後
四種。合有五四。或時起五。謂於所樂決定曾習所觀境中具起五種。如是於四起欲
等五。總別合有三十一句。或有心位五皆不起。如非四境率爾墮心及藏識俱。此類
非一。第七八識此別境五隨位有無。如前已說。第六意識諸位容俱依轉未轉皆不
遮故。[一解]有義五識此五皆無。緣已得境無希望故。不能審決無印持故。恆取新境無追
憶故。自性散動無專注故。不能推度無簡擇故。[二解]有義五識容有此五。雖無於境增上
希望而有微劣樂境義故。於境雖無增上審決而有微劣印境義故。雖無明記曾習
境體而有微劣念境類故。雖不作意繫念一境而有微劣專注義故。遮等引故說性
散動。非遮等持故容有定。雖於所緣不能推度而有微劣簡擇義故。由此聖教說眼

（一一）原刻作今。今依述記卷二十二及麗刻改。

耳通是眼耳識相應智性，餘三準此有慧無失。未自在位此五或無，得自在時此五定有，樂觀諸境欲無滅故，印境勝解常無滅故，憶習曾受念無滅故，又佛五識緣三世故，如來無有不定心故，五識皆有作事智故。此別境五何受相應。一解有義欲三除憂苦受，以彼二境非所樂故。餘四通四，唯除苦受，以審決等五識無故。二解有義一切五受相應，論說憂根於無上法思慕愁慼求欲證故，純受苦處希求解脫意有苦根，前已說故，論說貪愛憂苦相應，此貪愛俱必有欲故，苦根既有意識相應，審決等四苦俱何咎，又五識俱亦有微細印境等四，義如前說，由斯欲等五受相應。此五復依性、界、學等諸門分別，如理應思。

成唯識論卷第五

本原云不放逸俱。daṅ, bcas。安慧釋云與不放逸俱者謂捨也。蓋頌不說行捨。但以俱字表之。故釋云云。轉識論說十善法。亦缺一種。可證頌文名數本不全也。今譯次句增行捨。又改俱字為及字。別作他解。（一五）梵藏本此句無捨行及三字。祗六韻。連下煩惱二字乃足一句。（一六）此段至起希望故句糅安慧釋。（一七）安慧釋心淨云信與心獨正相翻。故與之相應則無煩惱隨煩惱垢濁。故說心淨。

成唯識論卷第六

護法等菩薩造

唐三藏法師玄奘奉詔譯

已（一）說徧行別境二位。善位心所其相云何。頌曰。

善（二）謂信慚愧　無貪等三根（三）　勤安不放逸（四）　行捨及不害（五）。一一

論曰。唯善心俱名善心所。謂信慚等定有十一。（六）云何為信。於實德能深忍樂欲心淨為性。對治不信樂善為業。然信差別略有三種。一信實有。謂於諸法實事理中深信忍故。二信有德。謂於三寶真淨德中深信樂故。三信有能。謂於一切世出世善深信有力能得能成起希望故。由斯對治不信彼心。愛樂證修世出世善。忍謂勝解。此即信因。樂欲謂欲。即是信果。確陳此信自相是何。豈不適言心淨為性。此猶未了彼心淨言。若淨即心應非心所。若令心淨慚等何別。心俱淨法為難亦然。此（七）性澄清能淨心等。以心勝故立心淨名。如水清珠能清濁水。慚等雖善非淨為相。此淨為相無濫彼失。又諸染法各

別有相。唯有不信自相渾濁復能渾濁餘心心所。如極穢物自穢穢他。信正翻彼故淨爲相。有說信者愛樂爲相。應通三性。體應即欲。又應苦集非信所緣。有執信者隨順爲相。應通三性。即勝解欲。若印順者即勝解故。若樂順者即是欲故。離彼二體無順相故。由此應知心淨是信。(一)云何爲慚。依自法力崇重賢善爲性。對治無慚止息惡行爲業。謂依自法尊貴增上。崇重賢善羞恥過惡。對治無慚息諸惡行。(二)云何爲愧。依世間力輕拒暴惡爲性。對治無愧。止息惡行爲業。謂依世間訶厭增上。輕拒暴惡羞恥過罪。對治無愧息諸惡業。羞恥過惡是二通相。故諸聖教假說爲體。若執羞恥爲二別相。應慚與愧體無差別。則此二法定不相應。非受想等有此義故。若待自他立二別者。應非實有。便違聖教。若許慚愧實而別起。復違論說十徧善心。崇重輕拒若二別相。所緣有異應不俱生。二失既同何乃偏責。誰言二法所緣有異。不爾如何。善心起時隨緣何境皆有崇重善及輕拒惡義。故慚與愧俱徧善心。所緣無別。豈不我說亦有此義。汝執慚愧自相既同。何理能遮前所設難。然聖教說顧自他者。自法名自。世間名他。或即此中崇拒善

(一)此段糅安慧釋。　(二)此段至息諸惡業句糅安慧釋。

惡於己益損名自他故。無貪等者，等無瞋癡。此(一)三名根，生善勝故，三不善根近對治故。

(二)云何無貪。於有有具無著爲性，對治貪著，作善爲業。云何無瞋。於苦(三)苦具無恚爲性，對治瞋恚，作善爲業。善心起時隨緣何境，皆於有等無著無恚，觀有等立，非要緣彼。如前慚愧觀善惡立，故此二種俱徧善心。云何無癡。於諸理事明解爲性，對治愚癡，作善爲業。(四)一解有義無癡即慧爲性，集論說此報教證智決擇爲體，生得聞思修所生慧，如次皆是決擇性故。此雖即慧，爲顯善品有勝功能，如煩惱見，故復別說。二解有義無癡非即是慧，別有自性，正對無明，如無貪瞋，善根攝故。論說大悲無瞋癡攝，非根攝故。若彼無癡以慧爲性，大悲如力等應慧等根攝。又若無癡無別自性，如不害等應非實物，便違論說十一善中三世俗有，餘皆是實。然集論說慧爲體者，舉彼因果顯此自性，如以忍樂表信自體。理必應爾。以貪瞋癡六識相應正煩惱攝，起惡勝故，立不善根。斷彼必由通別對治，通唯善慧，別即三根。由此無癡必應別有。(五)勤謂精進。於善惡品修斷事中勇悍爲性，對治懈怠，滿善爲業。勇表勝進，簡諸染法。悍表精純，簡淨無記。即顯精進唯善性攝。此

(一)原刻作二，今依述記卷三十四及麗刻改。(二)下釋三根體性皆糅安慧釋。原業釋云，以惡行不轉所依爲業。(三)安慧釋此語云苦所依法。(四)此解體業糅安慧釋。

相差別略有五種。所謂被甲.加行.無下.無退.無足.卽經所說有勢.有勤.有勇.堅猛.不捨善軛.如次應知。此五別者.謂初發心.自分勝進.自分行中三品別故。或初發心.長時無間.殷重.無餘修差別故。或資糧等五道別故.二乘究竟道欣大菩提故.諸佛究竟道樂利樂他故。或二加行.無間.解脫.勝進別故。(一)安謂輕安.遠離麤重.調暢身心.堪任爲性.對治惽沈.轉依爲業。謂此伏除能障定法.令所依止轉安適故。(二)不放逸者.精進三根.於所斷修防修爲性.對治放逸.成滿一切世出世間善事爲業。謂卽四法於斷修事皆能防修.名不放逸.非別有體.無異相故。於防惡事修善事中.離四功能無別用故。雖信慚等亦有此能.而方彼四勢用微劣.非根.徧策.故非此依。豈不防修是此相用.防修何異精進三根。彼要待此方有作用.此應復待餘便有無窮失。勤唯徧策.根但爲依.如何說彼有防修用.汝防修用其相云何.若普依持.卽無貪等.若徧策錄.不異精進.止惡進善.卽總四法.令不散亂.應是等持.令同取境.與觸何別.令不忘失.卽應是念。如是推尋.不放逸用.離無貪等.竟不可得.故不放逸.定無別體。(三)云何行捨。精進三根.令心平等.正直.無

(一)此解體性.釋安慧釋.原釋業云.由此所依轉變永離煩惱障爲業. (二)此解體業.釋安慧釋. (三)安慧釋以此與不放逸合解.云.不放逸俱者.謂與不放逸相俱而有.此卽是捨.以是一向善故.此處盡說一切善故.不如信等顯明說故.更無餘善法.故善頌本無捨字.故今補成.其解體性與今釋大同.解業則云不容諸煩惱隨煩惱之所

(一)此解體性採安慧釋，但原釋以不損惱爲業。 (二)此段解及字，安慧釋無文。

功用住爲性。對治掉舉。靜住爲業。謂即四法令心遠離掉舉等障靜住名捨。平等。正直。無功用住。初中後位辯捨差別。由不放逸先除雜染。捨復令心寂靜而住。此無別體。如不放逸離彼四法無相用故。能令寂靜即四法故。所令寂靜即心等故。(一)云何不害。於諸有情不爲損惱無瞋爲性。能對治害。悲愍爲業。謂即無瞋於有情所不爲損惱假名不害。無瞋翻對斷物命瞋。不害正違損惱物害。無瞋與樂。不害拔苦。是謂此二麤相差別。理實無瞋實有自體。不害依彼一分假立。爲顯慈悲二相別故。利樂有情彼二勝故。有說不害非即無瞋。別有自體謂賢善性。此相云何。謂不損惱。無瞋亦爾。寧別有性。謂於有情不爲損惱慈悲賢善是無瞋故。(二)及顯十一義別心所。謂欣厭等善心所法。雖義有別說種種名而體無異故不別立。欣謂欲俱無瞋一分。於所欣境不憎恚故。不忿恨惱嫉等亦然。隨應正翻瞋一分故。厭謂慧俱無貪一分。於所厭境不染著故。不慳憍等當知亦然。隨應正翻貪一分故。(一解)不覆誑諂無貪癡一分。隨應正翻貪癡一分故。(二解)有義不覆唯無癡一分無處說覆亦貪一分故。(一解)有義不慢信一分攝。謂若信彼不慢彼故。(二解)有義不慢捨一分攝，心平等者不高慢故。(三解)有義不慢慚一分攝，若崇重彼不慢彼故。(一解)有義不疑卽信所攝，謂若信彼無猶豫故。(二解)有義不疑卽正勝解，以決定者無猶豫故。(三解)有義不疑卽正慧攝，以正見者無猶豫故。不散亂體卽正定攝，正見正知俱善慧攝。不忘念者卽是正念，悔眠尋伺通染不染，如觸欲等無別翻對。

(一)何緣諸染所翻善中有別建立有不爾者，相用別者便別立之，餘善不然，故不應責。又諸染法徧六識者勝、故翻之別立善法，慢等忿等唯意識俱，害雖亦然而數現起損惱他故障無上乘勝因悲故爲了知彼增上過失翻立不害，失念散亂及不正知翻入別境善中不說，染淨相翻，淨寧少染，淨勝染劣少敵多故。又解理通說多同體，迷情事局隨相分多，故於染淨不應齊責。此十一法三是假有，謂不放逸捨及不害，義如前說。餘八實有，相用別故。(一解)有義十一四徧善心，精進三根徧善品故。餘七不定，推尋事理未決定時不生信故，慚愧同類依處各別隨起一時第二無故，要世間道斷煩惱時有輕安故，不放逸捨無漏道時方得起故，悲愍有情時乃有不害故。論說

(一)此下諸門廣辨，安慧釋無文。

十一六位中起。謂決定位有信相應。止息染時有慚愧起。顧自他故。於善品位有精進、三根。世間道時有輕安起。於出世道有捨不放逸。攝衆生時有不害故。二解有義彼說未爲應理。推尋事理未決定心信若不生應非是善。如染心等無淨信故。慚愧類異依別境同俱徧善心前已說故。若出世道輕安不生應此覺支非無漏故。若世間道無捨不放逸應非寂靜防惡修善故。又應不伏掉放逸故。有漏善心既具四法如出世道應有二故。善心起時皆不損物違能損法有不害故。論說六位起十一者。依彼彼增作此此說。故彼所說定非應理。應說信等十一法中十徧善心。輕安不徧要在定位方有輕安調暢身心餘位無故。決擇分說十善心所定不定地皆徧善心。定地心中增輕安故。二解有義定加行亦得定地名。彼亦微有調暢義故。由斯欲界亦有輕安。不爾便違本地分說信等十一通一切地。三解有義輕安唯在定有。由定滋養有調暢故。論說欲界諸心心所由闕輕安名不定地。說一切地有十一者通有尋伺等三地皆有故。此十一種前已具說第七八識隨位有無。第六識中定位皆具。若非定位唯闕輕安。一解有義五識唯有十種。自性散動無輕安故。二解有義五識亦有輕安。定所引善者亦有調暢故。成所作智俱必有輕安故。此善十一何受相應。十五相應。一除憂苦。有逼迫受無調暢故。此與別境皆得相應。信等欲等不相違故。十一唯善。輕安非欲。餘通三界。皆學等三。非見所斷。瑜伽論說信等六根唯修所斷非見所斷。餘門分別如理應思。

如(一)是已說善位心所。煩惱心所其相云何。頌曰。

煩(二)惱謂(三)貪瞋　癡慢疑惡見。

論曰。此貪等六性是根本煩惱攝故得煩惱名。(四)云何為貪。於有有具染著為性。能障無貪生苦為業。謂由愛力取蘊生故。(五)云何為瞋。於苦苦具憎恚為性。能障無瞋不安隱性惡行所依為業。謂瞋必令身心熱惱起諸惡業不善性故。(六)云何為癡。於諸理事迷闇為性。能障無癡一切雜染所依為業。謂由無明起疑邪見貪等煩惱隨煩惱業能招後生雜染法故。(七)云何為慢。恃己於他高舉為性。能障不慢生苦為業。謂若有慢於德有德心

(一)此段生西藏安慧釋。(二)勘梵藏本以此二字屬上句貪瞋癡為一句結第十一頌。慢見疑為一句屬第十二頌。今譯從式。(三)勘梵藏本頌結頌法云見故。又無惡字。安慧釋云今雖總說見名以屬煩惱故。但取五見以煩惱為性。若非世出世正見也。頌無惡見明文故。此釋云云。今譯增字。(四)此解雜業採安慧釋。(五)此解隨業採安慧釋。原釋苦苦具作有情。又業云不安隱住。解云安隱謂樂與彼共住為安隱住。今譯作不安隱性。疑是寫[illegible]。(七)此段至有七

不謙下由此生死輪轉無窮受諸苦故。此慢差別有七．九種．謂於三品我德處生．一切皆通見修所斷．聖位我慢既得現行．慢類由斯起亦無失。(一)云何爲疑。於諸諦理猶豫爲性．能障不疑善品爲業．謂猶豫者善不生故。(二)一解有義此疑以慧爲體．猶豫簡擇說爲疑故．毗助末底是疑義故．末底般若義無異故。二解有義此疑別有自體．令慧不決非卽慧故．瑜伽論說六煩惱中見世俗有卽慧分故．餘是實有別有性故．毗助末底執慧爲疑．毗助若南智應爲識．界由助力義便轉變．是故此疑非慧爲體。云何惡見。於諸諦理顛倒推(三)度染慧爲性．能障善見招苦爲業．謂惡見者多受苦故。(四)此見行相差別有五。(五)一薩迦耶見．謂於五取蘊執我我所．一切見趣所依爲業。此見差別有二十句六十五等分別起攝。二邊執見．謂卽於彼隨執斷常障處中行出離爲業。此見差別．諸見趣中有執前際四徧常論．一分常論．及計後際有想十六．無想俱非各有八論．七斷滅論等．分別起攝。三邪見．謂謗因果作用實事及非四見諸餘邪執．如增上緣名義徧故．此見差別．諸見趣中有執前際二無因論．四有邊等不死矯亂．及計後際五現涅槃．或計自在世主釋

(一)此解體性糅安慧釋　(二)此段糅安慧釋述記卷三十六謂是大乘異師說勘安慧釋無明文原釋意云疑(毗末底 vimati)謂於是非作種種(毗毗陀 vividha)解(末底 mati)而成猶豫故卽慧(般若 prajñā)爲自性此釋從字源以解字義也．(三)原刻作求今依述記卷三十六及麗刻改．(四)此句糅安慧釋．(五)此下四段出體皆糅安慧釋．

梵及餘物類常恆不易．或計自在等是一切物因．或有橫計諸邪解脫．或有妄執非道爲道．諸如是等皆邪見攝。四見取．謂於諸見及所依蘊執爲最勝能得清淨．一切鬭諍所依爲業。(一)五戒禁取．謂於隨順諸見戒禁及所依蘊執爲最勝能得清淨．無利勤苦所依爲業。然有處說執爲最勝名爲見取．執能得淨名戒取者．是影略說或隨轉門不爾如何非滅計滅非道計道說爲邪見非二取攝。

(二)如是總別十煩惱中六通俱生及分別起．任運思察俱得生故．疑後三見唯分別起．要由惡友及邪教力自審思察方得生故。邊執見中通俱生者．一解有義唯斷．常見相麤惡友等力方引生故。瑜伽等說何邊執見是俱生耶．謂斷見攝．學現觀者起如是怖今者我我何所在耶．故禽獸等若遇違緣皆恐我斷而起驚怖。二解有義彼論依麤相說．理實俱生亦通常見．謂禽獸等執我常存熾然造集長時資具．故顯揚等諸論皆說於五取蘊執斷計常．或是俱生或分別起。此十煩惱誰幾相應。貪與瞋疑(三)定不俱起．愛憎二境必不同故．於境不決無染著故．貪與慢見或得相應．所愛所陵境非一故、

(一)安慧釋云．戒禁取者於五取蘊見爲清淨解脫出離．與上見取相對．大同文有處說所云也．(二)此下諸門廣辨．安慧釋無文．(三)原刻作疑．今依述記卷二十七改．

說不俱起，所染所恃境可同故說得相應。於五見境皆可愛故，貪與五見相應無失。瞋與慢疑或得俱起，所瞋所恃境非一故說不相應，所蔑所憎境可同故說得俱起。初猶豫時未憎彼故說不俱起，久思不決便憤發故說得相應，疑順違事隨應亦爾。瞋與二取必不相應，執爲勝道不憎彼故。此與三見或得相應，於有樂蘊起身常見不生憎故說不相應，於有苦蘊起身常見生憎恚故說得俱起。斷見翻此說瞋有無。邪見誹撥惡事好事，如次說瞋或無或有。慢於境定，疑則不然，故慢與疑無相應義。慢與五見皆容俱起，行相展轉不相違故，然與斷見必不俱生，執我斷時無陵恃故。與身邪見一分亦爾。疑不審決與見相違，故疑與見定不俱起。五見展轉必不相應，非一心中有多慧故。癡與九種皆定相應，諸煩惱生必由癡故。此十煩惱何識相應。藏識全無，末那有四，意識具十，五識唯三謂貪瞋癡，無分別故，由稱量等起慢等故。此十煩惱何受相應。貪瞋癡三俱生分別一切容與五受相應，貪會違緣憂苦俱故，瞋遇順境喜樂俱故。有義俱生分別起慢容與非苦四受相應，恃苦劣蘊憂相應故。

二解有義俱生亦苦俱起，意有苦受前已說故。分別慢等純苦趣無，彼無邪師邪教等故，然彼不造引惡趣業，要分別起能發彼故。疑後三見容四受俱，欲疑無苦等亦喜受俱故，二取若緣憂俱見等，爾時得與憂相應故。一解有義俱生身邊二見但與喜樂捨受相應，非五識俱，唯無記故。分別二見容四受俱，執苦俱蘊為我我所，常斷見翻此與憂相應故。三解有義二見若俱生者亦苦受俱，純受苦處緣極苦蘊苦相應故。論說俱生一切煩惱皆於三受現行可得，廣說如前，餘如前說。此依實義。隨麤相者，貪慢四見樂喜捨俱，瞋唯苦憂捨受俱起，癡與五受皆得相應，邪見及疑四俱除苦。貪癡俱樂通下四地，餘七俱樂除欲通三，疑獨行癡欲唯憂捨，餘受俱起如理應知。此與別境幾互相應？貪瞋癡慢容五俱起，專注一境得有定故。疑及五見各容四俱，疑除勝解不決定故，見非慧俱不異慧故。此十煩惱何性所攝？瞋唯不善，損自他故。餘九通二，上二界者唯無記攝，定所伏故。若欲界繫分別起者唯不善攝，發惡行故。若是俱生發惡行者亦不善攝，損自他故。餘無記攝，細不障善，非極損惱自他處故。當知俱生身邊二見唯無記攝。不發惡業。雖數現起不障善故。此十煩惱何界繫耶。瞋唯在欲。餘通三界。生在下地未離下染上地煩惱不現在前。要得彼地根本定者彼地煩惱容現前故。諸有漏道雖不能伏分別起惑及細俱生。而能伏除俱生麤惑漸次證得上根本定。彼但迷事依外門轉散亂麤動正障定故。得彼定已。彼地分別俱生諸惑皆容現前。生在上地下地諸惑分別俱生皆容現起。生第四定中有中者由謗解脫生地獄故身在上地將生下時起下潤生俱生愛故。而言生上不起下者。依多分說或隨轉門。下地煩惱亦緣上地。瑜伽等說欲界繫貪求上地生味上定故。既說瞋恚憎嫉滅道亦應憎嫉離欲地故。總緣諸行執我我所斷常慢者得緣上故。餘五緣上其理極成。而有處言貪瞋慢等不緣上者。依麤相說或依別緣。不見世間執他地法爲我等故。邊見必依身見起故。上地煩惱亦緣下地。說生上者於下有情恃己勝德而陵彼故。總緣諸行執我我所斷常愛者得緣下故。疑後三見如理應思。而說上惑不緣下者。彼依多分或別緣說。此十煩惱學等何攝。非學無學。彼唯善故。此十煩惱何所斷耶。非非所斷．彼非染故。分別起者唯見所斷．麤易斷故．若俱生者唯修所斷．細難斷故。見所斷十實俱頓斷以真見道總緣諦故。然迷諦相有總有別。總謂十種皆迷四諦．苦集是彼因依處故．滅道是彼怖畏處故．別謂別迷四諦相起．二唯迷苦．八通迷四．身邊二見唯果處起別空非我屬苦諦故。謂疑三見親迷苦理．二取執彼三見戒禁及所依蘊爲勝能淨於自他見及彼眷屬如次隨應起貪恚慢．相應無明與九同迷．不共無明親迷苦理．疑及邪見親迷集等．二取貪等准苦應知然瞋亦能親迷滅道．由怖畏彼生憎嫉故。迷諦親疏麤相如是。委細說者．貪瞋慢三見疑俱生隨應如彼．俱生二見及彼相應愛慢無明雖迷苦諦細難斷故修道方斷．瞋餘愛等迷別事生不違諦觀故修所斷。雖諸煩惱皆有相分而所仗質或有或無名緣有事無事煩惱。彼親所緣雖皆有漏．而所仗質亦通無漏．名緣有漏無漏煩惱。緣自地者相分似質名緣分別所起事境．緣滅道諦及他地者相分與質不相似故名緣分別所起名境。餘門分別如理應思。

已（一）說根本六煩惱相。諸隨煩惱其相云何。頌曰。

（二）隨煩惱謂忿　恨覆惱嫉慳一二　（三）誑諂與（四）害憍　無慚及無愧

掉舉與惛沈　不信并懈怠一三　（五）放逸及失念　散亂不正知。

論曰。唯是煩惱分位差別等流性故名隨煩惱。此二十種類別有三。謂忿等十各別起故名小隨煩惱。無慚等二徧不善故名中隨煩惱。掉舉等八徧染心故名大隨煩惱。（六）云何爲忿。依對現前不饒益境憤發爲性。能障不忿。執仗爲業。謂懷忿者多發暴惡身表業故。此卽瞋恚一分爲體。離瞋無別忿相用故。（七）云何爲恨。由忿爲先懷惡不捨結怨爲性。能障不恨。熱惱爲業。謂結恨者不能含忍恆熱惱故。此亦瞋恚一分爲體。離瞋無別恨相用故。（八）云何爲覆。於自作罪恐失利譽隱藏爲性。能障不覆。悔惱爲業。謂覆罪者後必悔惱不安隱故。有義（一解）此覆癡一分攝。論唯說此癡一分故。不懼當苦覆自罪故。有義（二解）此覆貪癡一分攝。亦恐失利譽覆自罪故。論據麤顯唯說癡分。如說掉舉是貪分故。然說掉舉徧諸染心。不可執爲唯是貪分。（九）云何爲惱。忿恨爲先追觸暴熱佷戾爲性。能障

有俱字。又次不信下有并字。不正字下有及字。後文釋云與并及言顯隨煩惱非唯二十。指此今譯改文。（五）梵藏本以此爲第十三頌末句。次餘一句屬十四頌。（六）此解體業糅安慧釋。原釋執仗作鞭撻等所依。（七）此解體性糅安慧釋。原釋缺業。（八）此解體業及下第一有義糅安慧釋。但原釋以惡作及不安隱住所依爲業。（九）此段糅安慧釋。原釋云生語惡行不安隱住爲業。蛆螫意當梵本 daśa。蓋從字源解釋惱字 pradāśa 也。

不惱，蛆螫爲業，謂追往惡觸現違緣心便很戾多發囂暴凶鄙麤言蛆螫他故。此亦瞋恚一分爲體，離瞋無別惱相用故。(一)云何爲嫉。殉自名利不耐他榮妒忌爲性，能障不嫉，憂慼爲業，謂嫉妒者聞見他榮深懷憂慼不安隱故。此亦瞋恚一分爲體，離瞋無別嫉相用故。云何爲慳。耽著財法不能惠捨祕悋爲性，能障不慳，鄙畜爲業，謂慳悋者心多鄙澀畜積財法不能捨故。此即貪愛一分爲體，離貪無別慳相用故。云何爲誑。爲獲利譽矯現有德詭詐爲性，能障不誑，邪命爲業，謂矯誑者心懷異謀多現不實邪命事故。此即貪癡一分爲體，離二無別誑相用故。云何爲諂。爲罔他故矯設異儀險曲爲性，能障不諂，教誨爲業，謂諂曲者爲網(二)帽他曲順時宜矯設方便爲取他意或藏己失不任師友正教誨故。此亦貪癡一分爲體，離二無別諂相用故。云何爲害。於諸有情心無悲愍損惱爲性，能障不害，逼惱爲業，謂有害者逼惱他故。此亦瞋恚一分爲體，離瞋無別害相用故，瞋害別相準善應說。云何爲憍。於自盛事深生染著醉傲爲性，能障不憍，染依爲業，謂憍醉者生長一切雜染法故。此亦貪愛一分爲體，離貪無別憍相用故。云何

(一)此下至無愧八段皆糅安慧釋。　(二)原刻作罔冒，今依述記卷二十八改。

（二）此解體業及下第一有義糅安慧釋．

無慚。不顧自法輕拒賢善爲性．能障礙慚．生長惡行爲業．謂於自法無所顧者輕拒賢善不恥過惡障慚生長諸惡行故。云何無愧。不顧世間崇重暴惡爲性．能障礙愧．生長惡行爲業．謂於世間無所顧者崇重暴惡不恥過罪障愧生長諸惡行故。不恥過惡是二通相．故諸聖教假說爲體。若執不恥爲二別相．則應此二體無差別。由斯二法應不俱生．非受想等有此義故。若待自他立二別者．應非實有．便違聖教。若許此二實而別起．復違論說俱徧惡心。不善心時隨緣何境皆有輕拒善及崇重惡義．故此二法俱徧惡心．所緣不異．無別起失。然諸聖教說不顧自他者．自法名自．世間名他．或即此中拒善崇惡．於己益損名自他故。而論說爲貪等分者．是彼等流．非即彼性。（二）云何掉舉。令心於境不寂靜爲性．能障行捨奢摩他爲業。一解 有義掉舉貪一分攝．論唯說此是貪分故．此由憶昔樂事生故。二解 有義掉舉非唯貪攝．論說掉舉徧染心故．又掉舉相謂不寂靜．說是煩惱共相攝故．掉舉離此無別相故。雖依一切煩惱假立．而貪位增．說爲貪分。三解 有義掉舉別有自性．徧諸染心．如不信等．非說他分體便非實．勿不信等亦假有故．而論說爲世俗有者。如睡眠等隨他相說。掉舉別相謂卽囂動。令俱生法不寂靜故。若離煩惱無別此相。不應別說障奢摩他故不寂靜非此別相。（二）云何惛沈。令心於境無堪任爲性。能障輕安毗鉢舍那爲業。（一解）有義惛沈癡一分攝。論唯說此是癡分故。惛昧沈重是癡相故。（二解）有義惛沈非但癡攝。謂無堪任是惛沈相。一切煩惱皆無堪任。離此無別惛沈相故。雖依一切煩惱假立。而癡相增但說癡分。（三解）有義惛沈別有自性。雖名癡分而是等流。如不信等非卽癡攝。隨他相說名世俗有。如睡眠等是實有性。惛沈別相謂卽瞢重。令俱生法無堪任故。若離煩惱無別惛沈相。不應別說障毗鉢舍那。故無堪任非此別相。此與癡相有差別者。謂癡於境迷闇爲相。正障無癡而非瞢重。惛沈於境瞢重爲相。正障輕安而非迷闇。（三）云何不信。於實德能不忍樂欲心穢爲性。能障淨信惰依爲業。謂不信者多懈怠故。不信三相翻信應知。然諸染法各有別相。唯此不信自相渾濁。復能渾濁餘心心所。如極穢物自穢穢他。是故說此心穢爲性。由不信故於實德能不忍樂欲。非別有性。若於餘事邪忍樂欲。是此因果非此自性。（四）云何懈怠。於善惡品修斷事中懶惰爲

（一）此解體性及下第一有義糅安慧釋。原釋業云。與一切煩惱隨煩惱作依爲業。（二）此解體業糅安慧釋。
（三）此解體業糅安慧釋。原釋無斷惡義。又不是癡一分爲體。

(一)此段至非別有體句，糅安慧釋。(二)安慧釋云，失念者謂染污念，染污即煩惱相應之義。文釋業與今譯合。(三)安慧釋云，散亂者令心離定所緣，能障離欲爲業。(四)此義糅安慧釋。

性，能障精進，增染爲業，謂懈怠者滋長染故。於諸染事而策勤者亦名懈怠，退善法故。於無記事而策勤者於諸善品無進退故，是欲勝解非別有性。如於無記忍可樂欲非淨非染無信不信。(一)云何放逸。於染淨品不能防修縱蕩爲性，障不放逸，增惡損善所依爲業，謂由懈怠及貪瞋癡不能防修染淨品法總名放逸，非別有體。雖慢疑等亦有此能，而方彼四勢用微劣，障三善根，偏策法故。推究此相如不放逸。(二)云何失念。於諸所緣不能明記爲性，能障正念，散亂所依爲業，謂失念者心散亂故。一解有義失念念一分攝，說是煩惱相應念故。二解有義失念癡一分攝，瑜伽說此是癡分故，癡令念失故名失念。三解有義失念俱一分攝，由前二文影略說故，論復說此偏染心故。(三)云何散亂。於諸所緣令心流蕩爲性，能障正定，惡慧所依爲業，謂散亂者發惡慧故。一解有義散亂癡一分攝，瑜伽說此是癡分故。二解有義散亂貪瞋癡攝，集論等說是三分故。說癡分者，偏染心故，謂貪瞋癡令心流蕩勝餘法故，說爲散亂。三解有義散亂別有自體。說三分者，是彼等流，如無慚等非即彼攝，隨他相說名世俗有。散亂別相謂即躁擾，令俱生法皆流蕩故。若離彼三無別自體。不應別說障三摩地。掉舉散亂二用何別。彼令易解。此令易緣。雖一剎那解緣無易。而於相續有易義故。染汙心時由掉亂力常應念念易解易緣。或由念等力所制伏如繫猨猴有暫時住。故掉與亂俱徧染心。（一）云何不正知。於所觀境謬解為性。能障正知毀犯為業。謂不正知者多所毀犯故。一解有義不正知慧一分攝。說是煩惱相應慧故。二解有義不正知癡一分攝。瑜伽說此是癡分故。令知不正名不正知。三解有義不正知俱一分攝。由前二文影略說故。論復說此徧染心故。（二）與并及言顯隨煩惱非唯二十。雜事等說貪等多種隨煩惱故。隨煩惱名亦攝煩惱。是前煩惱等流性故。煩惱同類餘染汙法但名隨煩惱非煩惱攝故。唯說二十隨煩惱者。謂非煩惱唯染麤故。此餘染法或此分位。或此等流。皆此所攝。隨其類別如理應知。

（三）如是二十隨煩惱中小十大三定是假有。無慚無愧不信懈怠定是實有。教理成故。掉舉惛沈散亂三種有義是假。有義是實。所引理教如前應知。二十皆通俱生分別。隨二煩惱勢力起故。此二十中小十展轉定不俱起。互相違故。行相麤猛各為主故。

（一）此解體業及下第一有義。糅安慧釋。（二）此段釋與等言。安慧釋無文。（三）此下諸門廣辨。安慧釋無文。

中二一切不善心俱，隨應皆得小大俱起，論說大八徧諸染心，展轉小中皆容俱起。有處說六徧染心者，惛掉增時不俱起故。有處但說五徧染者，以惛掉等違唯善故。此唯染故，非第八俱，第七識中唯有大八，取捨差別如上應知。第六識俱，容有一切。小十麤猛，五識中無，中大相通，五識容有。由斯中大五受相應。一解有義小十除三，忿等唯喜憂捨三受相應，諂誑憍三四俱除苦。二解有義忿等四俱除樂，諂誑憍三五受俱起，意有苦受前已說故。此受俱相如煩惱說。實義如是，若隨麤相，忿恨惱嫉害憂捨俱，覆慳喜捨，餘三增樂，中大隨麤亦如實義。如是二十與別境五皆容俱起，不相違故。染念染慧雖非念慧俱，而癡分者亦得相應故。念亦緣現曾習類境，忿亦得緣剎那過去故，忿與念亦得相應。染定起時心亦躁擾，故亂與定相應無失。中二大八十煩惱俱。小十定非見疑俱起，此相麤動彼審細故。忿等五法容慢癡俱，非貪恚並，是瞋分故。慳癡慢俱，非貪瞋並，是貪分故。憍唯癡俱，與慢解別，是貪分故。覆誑與諂貪癡慢俱，行相無違，貪癡分故。小七中二唯不善攝，小三大八亦通無記。小七中二唯欲界攝，誑諂欲色，餘通三界。生在下地容起上十一，耽定於他起憍誑諂故。若生上地起下後十，邪見愛俱容起彼故。小十生上無由起下，非正潤生及謗滅故。中二大八下亦緣上，上緣貪等相應起故。（一解）有義小十下不緣上，行相麤近不遠取故。（二解）有義嫉等亦得緣上，於勝地法生嫉等故。大八諂誑上亦緣下，下緣慢等相應起故，梵於釋子起諂誑故，憍不緣下，非所恃故。二十皆非學無學攝，此但是染彼唯淨故。後十唯通見修所斷，與二煩惱相應起故。見所斷者隨迷諦相或總或別煩惱俱生，故隨所應皆通四部，迷諦親疏等皆如煩惱說。前十（一解）有義唯修所斷，緣麤事境任運生故。（二解）有義亦通見修所斷，依二煩惱勢力起故，緣他見等生忿等故。見所斷者隨所應緣總別惑力皆通四部。此中（一解）有義忿等但緣迷諦惑生非親迷諦，行相麤淺不深取故。（二解）有義嫉等亦親迷諦，於滅道等生嫉等故。然忿等十但緣有事，要託本質方得生故。緣有漏等準上應知。

成唯識論卷第六

今能散亂不正知何爲第十四頌又悔字原云惡作 (三)此解體業據安慧釋原釋云惡劣所作 kutsitaṁ kṛtam 是爲惡作。kukṛta 其體即此惡作 kaukṛtya 心法。意謂於惡劣所作心有追悔爲惡作也今譯解惡作爲嫌惡所作。有誤。(四)安慧釋云。既者癡一分爲體。越失所作所依爲業。同下第一有義。

成唯識論卷第七

護法等菩薩造

唐三藏法師玄奘奉詔譯

(一)已說二十隨煩惱相。不定有四其相云何。頌曰。

(二)不定謂悔眠　尋伺二各二。一四

論曰。悔眠尋伺於善染等皆不定故。非如觸等定徧心故。非如欲等定徧地故。立不定名。(三)悔謂惡作。惡所作業追悔爲性。障止爲業。此即於果假立因名。先惡所作業後方追悔故。悔先不作亦惡作攝。如追悔言我先不作如是事業是我惡作。(四)眠謂睡眠。令身不自在昧略爲性。障觀爲業。謂睡眠位身不自在心極闇劣一門轉故。昧簡在定略別寤時。令顯睡眠非無體用。有無心位假立此名。如餘蓋纏心相應故。(一解)有義此二唯癡爲體。說隨煩惱及癡分故。(二解)有義不然。亦通善故。應說此二染癡爲體淨即無癡。論依染分說隨煩惱及癡分攝。(三解)有義此說亦不應理。無記非癡無癡性故。應說惡作思慧爲體。明了思擇所作業故。睡眠合用思想爲體。思想種種夢境相故。論俱說爲世俗有故。彼染汙者是癡等流。如不信等說爲癡分。四解有義彼說理亦不然。非思慧想纏彼性故。應說此二各別有體。與餘心所行相別故。隨癡相說名世俗有。(二)尋謂尋求。令心忽遽於意言境麤轉爲性。伺謂伺察。令心忽遽於意言境細轉爲性。此二俱以安不安住身心分位所依爲業。並用思慧一分爲體。於意言境不深推度及深推度義類別故。若離思慧尋伺二種體類差別不可得故。一解二各二者。有義尋伺各有染淨二類差別。二解有義此釋不應正理。悔眠亦有染淨二故。應說如前諸染心所有是煩惱隨煩惱性。此二各有不善無記。或復各有纏及隨眠。三解(二)有義彼釋亦不應理。不定四後有此言故。應言二者顯二種二。一謂悔眠。二謂尋伺。此二二種種類各別故一二言顯二二種。此各有二謂染不染。非如善染各唯一故。或唯簡染故說此言。有亦說爲隨煩惱故。爲顯不定義說二各二言。故置此言深爲有用。」

(三)四中尋伺定是假有。思慧合成聖所說故。悔眠有義亦是假有。一解瑜伽說爲世俗有故。

(一)此段梵安慧釋。原釋無忽遽義。又釋意言云。謂意之言與言相似能說境義也。又釋思慧一分爲體云。思能動心。慧能分別。由此心轉故。或不推度與推度各異故。(二)此義梵安慧釋與述記卷二十九說合。原釋文末總結云。在染汙者爲隨煩惱。非不染汙。(三)此下諸門。梵安慧釋無文。

二解有義此二是實物有。唯後二種說假有故。世俗有言隨他相說。非顯前二定是假有。又如內種體雖是實而論亦說世俗有故。四中尋伺定不相應。體類是同麤細異故。依於尋伺有染離染立三地別。不依彼種現起有無。故無雜亂。俱與前二容互相應。前二亦有互相應義。四皆不與第七八俱。義如前說。悔眠唯與第六識俱。非五法故。一解有義尋伺亦五識俱。論說五識有尋伺故。又說尋伺卽七分別謂有相等。雜集復言任運分別謂五識故。二解有義尋伺唯意識俱。論說尋求伺察等法皆是意識不共法故。又說尋伺憂喜相應曾不說與苦樂俱故。捨受徧故可不待說。何緣不說與苦樂俱。雖初靜慮有意地樂而不離喜總說喜名。雖純苦處有意地苦而似憂故總說爲憂。又說尋伺以名身等義爲所緣。非五識身以名身等義爲境故。然說五識有尋伺者。顯多由彼起。非說彼相應。雜集所言任運分別謂五識者。彼與瑜伽所說分別義各有異。彼說任運卽是五識。瑜伽說此是五識俱分別意識相應尋伺。故彼所引爲證不成。由此五識定無尋伺。一解有義惡作憂捨相應。唯慼行轉通無記故。睡眠喜憂捨受俱起．行通歡慼中庸轉故．尋伺憂喜捨樂相應．初靜慮中意樂俱故。二解有義此四亦苦受俱．純苦趣中意苦(一)俱故。四皆容與五別境俱．行相所緣不相違故。悔眠但與十善容俱．此唯在欲．無輕安故。尋伺容與十一善俱．初靜慮中輕安俱故。悔但容與無明相應．此行相麤貪等細故。睡眠尋伺十煩惱俱．此彼展轉不相違故。悔與中大隨惑容俱．非忿等十各為主故。睡眠尋伺二十容俱．眠等位中皆起彼故。此四皆通善等三性．於無記業亦追悔故。一解有義初二唯生得善．行相麤鄙及昧略故．後二亦通加行善攝．聞所成等有尋伺故。二解有義初二亦加行善．聞思位中有悔眠故。後三皆通染淨無記．惡作非染．解麤猛故。四無記中悔唯中二．行相麤猛非定果故。眠除第四．非定引生異熟生心亦得眠故。尋伺除初．彼解微劣不能尋察名等義故。惡作睡眠唯欲界有．尋伺在欲及初靜慮．餘界地法皆妙靜故。悔眠生上必不現起．尋伺上下亦起下上。下上尋伺能緣上下。一解有義悔眠不能緣上．行相麤近極昧略故。二解有義此二亦緣上境．有邪見者悔修定故．夢能普緣所更事故。悔非無學．離欲捨故．睡眠尋伺皆通

(一)原刻作若．今依述記卷二十九改．

三種。求解脫者有爲善法皆名學故。學究竟者有爲善法皆無學故。悔眠唯通見修所斷。亦邪見等勢力起故。非無漏道親所引生故。亦非如憂深求解脫故。若已斷故名非所斷。則無學眠非所斷攝。尋伺雖非真無漏道。而能引彼從彼引生。故通見修非所斷攝。一解有義尋伺非所斷者。於五法中唯分別攝。瑜伽說彼是分別故。二解有義此二亦正智攝。說正思惟是無漏故。彼能令心尋求等故。又說彼是言說因故。未究竟位於藥病等未能徧知。後得智中爲他說法必假尋伺。非如佛地無功用說。故此二種亦通無漏。雖說尋伺必是分別。而不定說唯屬第三。後得正智中亦有分別故。餘門準上如理應思。(二)如是六位諸心所法爲離心體有別自性。爲卽是心分位差別。設爾何失。二俱有過。若離心體有別自性。如何聖教說唯有識。又如何說心遠獨行染淨由心士夫六界。莊嚴論說復云何通。如彼頌言許心似二現如是似貪等或似於信等無別染善法。若卽是心分位差別。如何聖教說心相應他性相應非自性故。又如何說心與心所俱時而起如日與光。瑜伽論說復云何通。彼說心所非卽心故。如彼頌言五種性不成，分位差過失，因緣無別故，與聖教相違，應說離心有別自性，以心勝故說唯識等，心所依心勢力生故說似彼現非彼卽心。又識心言亦攝心所，恆相應故。唯識等言及現似彼皆無有失，此依世俗。若依勝義，心所與心非離非卽，諸識相望應知亦然，是謂大乘真俗妙理。

已(三)說六識心所相應，云何應知現起分位。頌曰。

依(四)止根本識　五識隨緣現　或俱或不俱　如濤波依水，一五

意(五)識常現起　除生無想天　及無心二定　睡眠與悶絕。一六

論曰。根(六)本識者，阿陀那識，染淨諸識生根本故。依止者，謂前六轉識以根本識為共親依。五識者，謂前五轉識，種類相似故總說之。隨緣現言顯非常起，緣謂作意根境等緣。謂五識身內依本識，外隨作意五根境等眾緣和合方得現前，由此或俱或不俱起，外緣合者有頓漸故。如水濤波隨緣多少，此等法喻廣說如經。(七)由五轉識行相麤動，所藉眾緣時多不具，故起時少不起時多。第六意識雖亦麤動，而所藉緣無時不具，由違緣

(三)安慧釋此段生起略云。今次應思，若眼等五識俱有所緣緣，當從藏識唯起一識，或起多識，故頌云云。(四)勘梵藏本此句云五等於本識。以於聲顯依義，非直云依止也。今譯改文。(五)梵藏本此頌文句不次，又無心二字連睡眠為文。(六)此段至廣說如經，糅安慧釋。原釋云，藏識是根本識，是眼等五識種子所依故，從彼而生故，又於諸趣結生故。今糅以染淨法合說，故以阿陀那識為根本識。(七)安慧釋具引解深密經佛告廣慧一段。

(一)此三句糅安慧釋，(二)此下廣辨，安慧釋無文

故有時不起。第七八識行相微細所藉衆緣一切時有，故無緣礙令總不行。又五識身不能思慮，唯外門轉，起藉多緣，故斷時多現行時少。第六意識自能思慮，內外門轉，不藉多緣，唯除五位常能現起，故斷時少現起時多，由斯不說此隨緣現。五位者何，生無想等。

(一)無想天者，謂修彼定厭麤想力生彼天中違不恆行心及心所，想滅爲首名無想天，故六轉識於彼皆斷。

一解(二)有義彼天常無六識，聖教說彼無轉識故，說彼唯有有色支故，又說彼爲無心地故。

二解有義彼天將命終位要起轉識然後命終，彼必起下潤生愛故。瑜伽論說後想生已是諸有情從彼沒故。然說彼無轉識等者，依長時說，非謂全無。

三解有義生時亦有轉識，彼中有必起潤生煩惱故，如餘本有初必有轉識故。瑜伽論說若生於彼唯入不起其想若生從彼沒故，彼本有初若無轉識如何名入，先有後無乃名入故。決擇分言所有生得心心所滅名無想故，此言意顯彼本有初有異熟生轉識暫起，宿因緣力後不復生，由斯引起異熟無記分位差別說名無想，如善引生二定名善，不爾轉識

一切不行如何可言唯生得滅。故彼初位轉識暫起。彼天唯在第四靜慮。下想麤動難可斷故。上無無想異熟處故。即能引發無想定思能感彼天異熟果故。

(一)及無心二定者。謂無想滅盡定俱無六識故名無心。(二)無想定者。謂有異生伏徧淨貪未伏上染由出離想作意為先令不恆行心心所滅。想滅為首立無想名。令身安和故亦名定。

(三)修習此定品別有三。下品修者現法必退。不能速疾還引現前。後生彼天不甚光淨形色廣大定當中天。中品修者現不必退。設退速疾還引現前。後生彼天雖甚光淨形色廣大而不最極。雖有中天而不決定。上品修者現必不退。後生彼天最極光淨形色廣大必無中天。窮滿壽量後方殞沒。此定唯屬第四靜慮。又唯是善。彼所引故。下上地無由前說故。(二解)四業通三。除順現受。(一解)有義此定唯欲界起。由諸外道說力起故。人中慧解極猛利故。有義欲界先修習已後生色界能引現前。除無想天至究竟故。此由厭想欣彼果入。故唯有漏。非聖所起。

(一)此段糅安慧釋。原釋云。等至者謂無想等至及滅等至。無此解無心句。蓋頌中無心本連下眠悶也。(二)此三句糅安慧釋。(三)此下廣辨。安慧釋無文。

〔一〕此三句糅安慧釋。〔二〕此下廣辨，安慧釋無文。〔三〕原刻作比，今依述記卷四十一及麗刻改。〔四〕原刻作惑，今依述記卷四十一及麗刻改，次段或字同。

〔一〕滅盡定者，謂有無學或有學聖，已伏或離無所有貪，上貪不定，由止息想作意爲先，令不恆行恆行染汙心心所滅，立滅盡名。令身安和，故亦名定。由偏厭受想，亦名滅彼定。〔二〕修習此定，品別有三：下品修者，現法必退，不能速疾還引現前；中品修者，現不必退，〔三〕設退，速疾還引現前；上品修者，畢竟不退。此定初修，必依有頂遊觀無漏爲加行入，次第定中最居後故。雖屬有頂，而無漏攝。若修此定已得自在，餘地心後亦得現前。雖屬道諦，而是非學非無學攝，似涅槃故。此定初起唯在人中，佛及弟子說力起故，人中慧解極猛利故。後上二界亦得現前，鄔陀夷經是此誠證，無色亦名意成天故。於藏識教未信受者，若生無色，不起此定，恐無色心成斷滅故。已信生彼，亦得現前，知有藏識不斷滅故。要斷三界見所斷惑，方起此定。異生不能伏滅有頂心心所故。此定微妙，要證二空隨應後得所引發故。一解 有義下八地修所斷惑中，要全斷欲，餘伏〔四〕或斷，然後方能初起此定。欲界惑種二性繁雜，障定強故。唯說不還、三乘無學及諸菩薩得此定故。彼隨所應生上八地，皆得後起。二解 有義要斷下之四地修所斷惑，餘伏或斷然後方能初起此定．變異受俱煩惱種子障定強故．彼隨所應生上五地皆得後起。若伏下惑能起此定後不斷退生上地者．豈生上已卻斷下惑．斷亦無失．如生上者斷下末那俱生惑故。然不還者對治力強．正潤生位不起煩惱．但由惑種潤上地生。雖所伏惑有退不退．而無伏下生上地義．故無生上卻斷下失。若諸菩薩先二乘位已得滅定後迴心者．一切位中能起此定．若不爾者或有乃至七地滿心方能永伏一切煩惱．雖未永斷欲界修惑而如已斷能起此定．論說已入遠地菩薩方能現起滅盡定故。有從初地即能永伏一切煩惱如阿羅漢．彼十地中皆起此定．經說菩薩前六地中亦能現起滅盡定故。

(一)無心睡眠與悶絕者．謂有極重睡眠悶絕令前六識皆不現行。疲極等緣所引身位違前六識故名極重睡眠．此睡眠時雖無彼體．而由彼似彼故假說彼名。(二)風熱等緣所引身位亦違六識故名極重悶絕．或此俱是觸處少分．除斯五位意識恆起。(三)正死生時亦無意識．何故但說五位不行。(一解)有義死生及與言顯。(二解)彼說非理．所以者何．但說六時名無

(一)此二句糅安慧釋． (二)此句糅安慧釋． (三)此二句糅安慧釋．

心故。謂前五位及無餘依。應說死生即悶絕攝。彼是最極悶絕位故。說及與言顯五無雜。此(一)顯六識斷已後時依本識中自種還起。由此不說入無餘依。此五位中異生有四除在滅定。聖唯後三。於中如來自在菩薩唯得有一無睡悶故。

是(二)故八識一切有情心與末那二恆俱轉。若起第六則三俱轉。餘隨緣合起一至五則四俱轉乃至八俱。是謂略說識俱轉義。若一有情多識俱轉。如何說彼是一有情。若立有情依識多少。汝無心位應非有情。又他分心現在前位如何可說自分有情。然立有情依命根數或異熟識俱不違理。彼俱恆時唯有一故。一身唯一等無間緣。如何俱時有多識轉。(三)既許此一引多心所。寧不許此能引多心。又誰定言此緣唯一。說多識俱者許此緣多故。又欲一時取多境者。多境現前寧不頓取。諸根境等和合力齊。識前後生不應理故。又心所性雖無差別而類別者許多俱生。寧不許心異類俱起。又如浪像依一起多。故依一心多識俱轉。又若不許意與五俱取彼所緣應不明了。如散意識緣久滅故。如何五俱唯一意識於色等境取一或多。如眼等識各於

(一)此句據安慧釋原釋云意識後時更從藏識而生以彼有一切識之種子故。(二)此下列辨八識俱起及一異。安慧釋均無文。(三)勘安慧釋前解五識俱不俱段末云識法等無間緣不定。一切識生一切識得為彼等無間緣故。又一等無間緣得生多識。同此反質所云。

自境取一或多。此亦何失。相見俱有種種相故。何故諸識同類不俱。於自所緣若可了者一已能了。餘無用故。若爾五識已了自境。何用俱起意識了為。五俱意識助五令起。非專為了五識所緣。又於彼所緣能明了取異於眼等識故非無用。由此聖教說彼意識名有分別。五識不爾。多識俱轉。何不相應。非同境故。設同境者彼此所依體數異故。如五根識互不相應。八識自性不可言定一。行相所依緣相應異故。又一滅時餘不滅故能所熏等相各異故。亦非定異。經說八識如水波等無差別故。定異應非因果性故。如幻事等無定性故。如前所說識差別相依理世俗非真勝義。真勝義中心言絕故。如伽他說。心意識八種俗故相有別。真故相無別。相所相無故。

(三)已廣分別三能變相為自所變二分所依。云何應知依識所變假說我法非別實有由斯一切唯有識耶。頌曰。

是諸識轉變 分別所分別 由此彼(二)皆無 故(三)一切唯識 一七

論曰。(一)(四)是諸識者謂前所說三能變識及彼心所皆能變似見相二分立轉變名。所變見

(一)此設生起。據安慧釋。(二)此彼字梵藏本原在前句所分別上。意云彼所分別由此非有。(三)勘此句故字梵本仍作由此 tena，第二轉聲。安慧釋始云此即是故 tasmāt 之義。今譯改文。又句末唯識梵藏本云唯識者。故多者字 kaṃ, pa 一類。安慧釋云此乃填頌缺韻之辭。今譯文略。(四)述記卷四十二謂此為安慧說，謝安慧

分說名分別。能取相故。所變相分名所分別。見所取故。由此正理彼實我法離識所變皆定非有。離能所取無別物故。非有實物離二相故。是故一切有爲無爲若實若假皆不離識。唯言爲遮離識實物。非不離識心所法等。(一一)或轉變者。謂諸內識轉似我法外境相現。此能轉變卽名分別。虛妄分別爲自性故。謂卽三界心及心所。此所執境名所分別。卽所妄執實我法性。由此分別變似外境假我法相。彼所分別實我法性決定皆無。前引教理已廣破故。是故一切皆唯有識。虛妄分別有極成故。唯既不遮不離識法。故真空等亦是有性。由斯遠離增減二邊。唯識義成。契會中道。

(一二)由何教理唯識義成。豈不已說。雖說未了。非破他義己義便成。應更確陳成此教理。

如契經說三界唯心。又說所緣唯識所現。又說諸法皆不離心。又說有情隨心垢淨。又說成就四智菩薩能隨悟入唯識無境。一相違識相智。謂於一處鬼人天等隨業差別所見各異。境若實有此云何成。二無所緣識智。謂緣過未夢境像等非實有境識現可得。彼境既無餘亦應爾。三自應無倒智。謂愚夫智若得實境彼應自然成無

(一一)此解釋安慧釋述記卷四十二謂此是難陀等解斷原釋無明文又原釋文意以分別增益境義無體故離增益邊見二三界無爲無境唯識故離損減邊見。(一二)此下廣成唯識安慧釋無文。

顛倒。不由功用應得解脫。四隨三智轉智。一隨自在者智轉智。謂已證得心自在者隨欲轉變地等皆成。境若實有如何可變。二隨觀察者智轉智。謂得勝定修法觀者隨觀一境衆相現前。境若是真寧隨心轉。三隨無分別智轉智。謂起證實無分別智一切境相皆不現前。境若是實何容不現。菩薩成就四智者於唯識理決定悟入。又伽他說。心意識所緣皆非離自性。故我說一切唯有識無餘。此等聖教誠證非一。極成眼等識五隨一故。如餘不親緣離自色等。餘識識故。如眼識等亦不親緣離自諸法。此親所緣定非離此。二隨一故。如彼能緣。所緣法故。如相應法決定不離心及心所。此等正理誠證非一。故於唯識應深信受。我法非有。空識非無。離有離無故契中道。慈尊依此說二頌言。虛妄分別有。於此二都無。此中唯有空。於彼亦有此。故說一切法非空非不空。有無及有故。是則契中道。此頌且依染依他說。理實亦有淨分依他。(一)若唯內識似外境起。寧見世間情非情物處時身用定不定轉。如夢境等應釋此疑。何緣世尊說十二處。依識所變非別實有。為入我空說六二法。如遮斷見說續有

(一)此段用二十唯識論意。

情，爲入法空，復說唯識，令知外法亦非有故。此唯識性豈不亦空？不爾。如何？非所執故。謂依識變妄執實法理不可得，說爲法空，非無離言正智所證唯識性故，說爲法空。此識若無，便無俗諦；俗諦無故，眞諦亦無，眞俗相依而建立故。撥無二諦是惡取空，諸佛說爲不可治者。應知諸法有空不空，由此慈尊說前二頌。

若(一)諸色處亦識爲體，何緣乃(二)似色相顯現，一類堅住，相續而轉？名言熏習勢力起故，與染淨法爲依處故。謂此若無，應無顚倒，便無雜染，亦無淨法，是故諸識亦似色現。如有頌言：亂相及亂體，應許爲色識，及與非色識；若無餘亦無。

色(三)等外境分明現(四)證，現量所得，寧撥爲無？現量證時不執爲外，後意分別妄生外想。故現量境是自相分，識所變故，亦說爲有。意識所執外實色等，妄計有故，說彼爲無。又色等境非色似色，非外似外，如夢所緣，不可執爲是實外色。若覺時色皆如夢境不離識者，如從夢覺知彼唯心，何故覺時於自色境不知唯識？如夢未覺不能自知，要至覺時方能追覺。覺時境色應知亦爾，未眞覺位不能自知，至眞覺時亦能追覺。未得眞覺恒處夢中，故佛說爲生死長

(一)此段用攝大乘論意。(二)原刻作不，今依述記卷四十二及麗刻改。(三)此下二段皆用二十唯識論意。(四)原刻作見，今依述記卷四十二及麗刻改。

夜。由斯未了色境唯識。」外色實無可非內識境。他心實有寧非自所緣。誰說他心非自識境。但不說彼是親所緣。謂識生時無實作用。非如手等親執外物日等舒光親照外境。但如鏡等似外境現名了他心。非親能了。親所了者謂自所變。故契經言無有少法能取餘法。但識生時似彼相現名取彼物。如緣他心色等亦爾。」既有異境。何名唯識。奇哉固執觸處生疑。豈唯識教但說一識。不爾如何。汝應諦聽。若唯一識寧有十方凡聖尊卑因果等別。誰為誰說。何法何求。故唯識言有深意趣。識言總顯一切有情各有八識。六位心所。所變相見。分位差別。及彼空理所顯真如。識自相故。識相應故。二所變故。三分位故。四實性故。如是諸法皆不離識總立識名。唯言但遮愚夫所執定離諸識實有色等。」若如是知唯識教意便能無倒善備資糧速入法空證無上覺。救拔含識生死輪迴。非全撥無惡取空者違背教理能成是事。故定應信一切唯識。」

若[11]唯有識都無外緣。由何而生種種分別。頌曰。

(一一)此段生起。糅安慧釋。原釋云。若此唯識無外作者作用。云何識識無所加持而能生諸分別。

由(一)一切種識　如(二)是如是變　以展轉力故　彼彼分別生。一八

論曰。(三)一切種識謂本識中能生自果功能差別。此生等流異熟士用增上果故名一切種。除離繫者。非種生故。彼雖可證而非種果。要現起道斷結得故。有展轉義非此所說。此說能生分別種故。此識爲體故立識名。種離本識無別性故。(四)種識二言簡非種識。有識非種種非識故。又種識言顯識中種。非持種識。後當說故。(五)此識中種餘緣助故卽便如是如是轉變。謂從生位轉至熟時。顯變種多重言如是。謂一切種攝三熏習共不共等識種盡故。(六)展轉力者。謂八現識及彼相應相見分等。彼皆互有相助力故。卽現識等總名分別。虛妄分別爲自性故。分別類多故言彼彼。(七)此頌意說雖無外緣。由本識中有一切種轉變差別及以現行八種識等展轉力故。彼彼分別而亦得生。何假外緣方起分別。諸淨法起應知亦然。淨種現行爲緣生故。

(八)所說種現緣生分別云何應知此緣生相。緣且有四。一因緣。謂有爲法親辦自果。此體有二。一種子。二現行。種子者。謂本識中善染無記諸界地等功能差別能引次後

藏識兩語分說。又意指藏識而言。　（四）此二句糅安慧釋。原釋又云。復次一語有錯亂故。說差別（種子）及差別所依（識）則無過失。　（五）此句糅安慧釋。原釋云。變謂與前位異。如是如是謂得功能無間能生分別之位。蓋以心相續轉變而言。　（六）安慧釋云。展轉力者。眼等識增長各自功能而轉。卽爲藏識功能差別轉變之因。藏識轉變復爲眼等識之因。是爲展轉力。　（七）此二句糅安慧釋。　（八）此下廣辨緣生。安慧釋無文。

自類功能及起同時自類現果、此唯望彼是因緣性。現行者、謂七轉識及彼相應所變相見性界地等、除佛果善極劣無記、餘熏本識生自類種、此唯望彼是因緣性。第八心品無所熏故、非簡所依獨能熏故、極微圓故不熏成種。現行同類展轉相望皆非因緣、自種生故。一切異類展轉相望亦非因緣、不親生故。有說異類同類現行展轉相望爲因緣者、應知假說或隨轉門。有唯說種是因緣性。彼依顯勝非盡理說、聖說轉識與阿賴耶展轉相望爲因緣故。二等無間緣、謂八現識及彼心所前聚於後自類無間、等而開導令彼定生。多同類種俱時轉故、如不相應非此緣攝、由斯八識非互爲緣。心所與心雖恆俱轉、而相應故和合似一、不可施設離別殊異。故得互作等無間緣。入無餘心最極微劣無開導用、又無當起等無間法、故非此緣。云何知然。論有誠說、若此識等無間彼識等決定生、卽說此是彼等無間緣故。卽依此義應作是說、阿陀那識三界九地皆容互作等無間緣、下上死生相開等故、有漏無間有無漏生、無漏定無生有漏者、鏡智起已必無斷故、善與無記相望亦然。此何界後引生無漏。或從色界或欲界後。謂諸異生求佛果者定色界後引生無漏．後必生在淨居天上大自在宮得菩提故。二乘迴趣大菩提者定欲界後引生無漏．迴趣留身唯欲界故．彼雖必往大自在宮方得成佛而本願力所留生身是欲界故。有義色界亦有聲聞迴趣大乘願留身者．既與教理俱不相違．是故聲聞第八無漏色界心後亦得現前。然五淨居無迴趣者．經不說彼發大心故。第七轉識三界九地亦容互作等無間緣．隨第八識生處繫故。有漏無漏容互相生．十地位中得相引故。善與無記相望亦然．於無記中染與不染亦相開導．生空智果前後位中得相引故。此欲色界有漏得與無漏相生．非無色界地上菩薩不生彼故。第六轉識三界九地有漏無漏善不善等各容互作等無間緣．潤生位等更相引故．初起無漏唯色界後決擇分善唯色界故。眼耳身識二界二地鼻舌兩識一界一地自類互作等無間緣．善等相望應知亦爾。一解有義五識有漏無漏自類互作等無間緣．未成佛時容互起故。二解有義無漏有漏後起．非無漏後容起有漏．無漏五識非佛無故．彼五色根定有漏故．是異熟識相分攝故，有漏不共必俱同境根發無漏識理不相應故，此二於境明昧異故。三所緣緣，謂若有法是帶己相心或相應所慮所託。此體有二，一親，二疏。若與能緣體不相離，是見分等內所慮託，應知彼是親所緣緣。若與能緣體雖相離，爲質能起內所慮託，應知彼是疏所緣緣。親所緣緣能緣皆有，離內所慮託必不生故。疏所緣緣能緣或有，離外所慮託亦得生故。第八心品（一解）有義唯有親所緣緣，隨業因力任運變故。（二解）有義亦定有疏所緣緣，要仗他變質自方變故。（三解）有義二說俱不應理，自他身土可互受用，他所變者爲自質故，自種於他無受用理，他變爲此不應理故，非諸有情種皆等故，應說此品疏所緣緣一切位中有無不定。第七心品未轉依位是俱生故，必仗外質，故亦定有疏所緣緣，已轉依位此非定有，緣真如等無外質故。第六心品行相猛利，於一切位能自在轉，所仗外質或有或無，疏所緣緣有無不定。前五心品未轉依位，麤鈍劣故必仗外質，故亦定有疏所緣緣，已轉依位此非定有，緣過未等無外質故。四增上緣，謂若有法有勝勢用能於餘法或順或違。雖前三緣亦是增上，而今第四除彼取餘。爲顯諸緣差別相故。此順違用於四處轉。生住成得四事別故。然增上用隨事雖多而勝顯者唯二十二。應知即是二十二根。前五色根以本識等所變眼等淨色爲性。男女二根身根所攝故即以彼少分爲性。命根但依本識親種分位假立非別有性。意根總以八識爲性。五受根如應各自受爲性。信等五根即以信等及善念等而爲自性。未知當知根體位有三種。一根本位。謂在見道。除後剎那無所未知可當知故。二加行位。謂煖頂忍世第一法。近能引發根本位故。三資糧位。謂從爲得諦現觀故發起決定勝善法欲乃至未得順決擇分所有善根名資糧位。能遠資生根本位故。於此三位信等五根意喜樂捨爲此根性。加行等位於後勝法求證愁慼亦有憂根。非正善根故多不說(二)。前三無色有此根者。有勝見道傍修得故。或二乘位迴趣大者爲證法空地前亦起九地所攝生空無漏。彼皆菩薩此根攝故。菩薩見道亦有此根。但說地前。以時促故。始從見道最後剎那乃至金剛喻定所有信等無漏九根皆是已知根性。未離欲者於上解脫求證愁慼亦有憂根。非正善根故多不說。

(一)原刻作及。今依述記卷四十四及麗刻改。

諸無學位無漏九根一切皆是具知根性。有頂雖有遊觀無漏而不明利．非後三根。

二十二根自性如是．諸餘門義如論應知。

成唯識論卷第七

成唯識論卷第八

護法等菩薩造

唐三藏法師玄奘奉詔譯

如是四緣依十五處義差別故立爲十因。云何此依十五處立。一語依處。謂法名想所起語性。卽依此處立隨說因。謂依此語隨見聞等說諸義故。此卽能說爲所說因。有論說此是名想見由如名字取相執著隨起說故。若依彼說便顯此因是語依處。二領受依處。謂所觀待能所受性。卽依此處立觀待因。謂觀待此令彼諸事或生或住或成或得此是彼觀待因。三習氣依處。謂內外種未成熟位。卽依此處立牽引因。謂能牽引遠自果故。四有潤種子依處。謂內外種已成熟位。卽依此處立生起因。謂能生起近自果故。五無間滅依處。謂心心所等無間緣。六境界依處。謂心心所所緣緣。七根依處。謂心心所所依六根。八作用依處。謂於所作業作具作用。卽除種子餘助現緣。九士用依處。謂於所作業作者作用。卽除種子餘作現緣。十真實見依處。謂無漏見．除引自種於無漏法能助引證。總依此六立攝受因．謂攝受五辦(一)有漏法．具攝受六辦無漏故。十一隨順依處．謂無記染善現種諸行能隨順同類勝品諸法．卽依此處立引發因．謂能引起同類勝行及能引得無爲法故。十二差別功能依處．謂有爲法各於自果有能起證差別勢力．卽依此處立定異因．謂各能生自界等果及各能得自乘(二)果故。十三和合依處．謂從領受乃至差別功能依處於所生住成得果中有和合力．卽依此處立同事因．謂從觀待乃至定異皆同生等一事業故。十四障礙依處．謂於生住成得事中能障礙法．卽依此處立相違因．謂彼能違生等事故。十五不障礙依處．謂於生住成得事中不障礙法．卽依此處立不相違因．謂彼不違生等事故。如是十因二因所攝．一能生．二方便．菩薩地說牽引種子生起種子名能生因．所餘諸因方便因攝。此說牽引生起引發定異同事不相違中諸因緣種未成熟位名牽引種．已成熟位名生起種．彼六因中諸因緣種皆攝在此二位中故。雖有現起是能生因．如四因中生自種者．而多間斷此略不說。或親辦果亦立種名．如說現

(一)原刻作辨．今依述記卷四十五及麗刻改．次句辦字同．　(二)原刻作更．今依述記卷四十五及麗刻改．

行穀麥等種。所餘因謂初二五九及六因中非因緣法，皆是生熟因緣種餘，故總說爲方便因攝。非此二種唯屬彼二因，餘四因中有因緣種故。非唯彼八名所餘因，彼二因亦有非因緣種故。有尋等地說生起因是能生因，餘方便攝。此文意說六因中現種是因緣者皆名生起因，能親生起自類果故，此所餘因皆方便攝。非此生起唯屬彼因，餘五因中有因緣故。非唯彼九名所餘因，彼生起因中有非因緣故。或菩薩地所說牽引生起種子即彼二因，所餘諸因即彼餘八，雖二因內有非能生因而因緣種勝顯故偏說，雖餘因內有非方便因而增上者多顯故偏說。有尋等地說生起因是能生因餘方便者，生起即是彼生起因，餘因應知即彼餘九。雖生起中有非因緣種而去果近親顯故偏說，雖牽引中亦有因緣種而去果遠親隱故不說，餘方便攝準上應知。所說四緣依何處立，復如何攝十因二因。論說因緣依種子立，依無間滅立等無間，依境界立所緣，依所餘立增上。此中種子即是三、四、十一、十二、十三、十五、六依處中因緣種攝。雖現四處亦有因緣，而多間斷此略不說。或彼亦能親辦自果。如外麥等亦立種名。或種子言唯屬第四。親疏隱顯取捨如前。言無間滅境界處者。應知總顯二緣依處非唯五六。餘依處中亦有中間二緣義故。或唯五六。餘處雖有而少隱故略不說之。論說因緣能生因攝。增上緣性即方便因。中間二緣攝受因攝。雖方便內具後三緣而增上多故此偏說。餘因亦有中間二緣然攝受中顯故偏說。初能生攝進退如前。所說因緣必應有果。此果有幾。依何處得。果有五種。一者異熟。謂有漏善及不善法所招自相續異熟生無記。二者等流。謂習善等所引同類。或似先業後果隨轉。三者離繫。謂無漏道斷障所證善無爲法。四者士用。謂諸作者假諸作具所辦事業。五者增上。謂除前四餘所得果。瑜伽等說習氣依處得異熟果。隨順依處得等流果。真見依處得離繫果。士用依處得士用果。所餘依處得增上果。習氣處言顯諸依處感異熟果一切功能。隨順處言顯諸依處引等流果一切功能。真見處言顯諸依處證離繫果一切功能。士用處言顯諸依處招士用果一切功能。所餘處言顯諸依處得增上果一切功能。不爾便應太寬太狹。或習氣者唯屬第三。雖異熟因餘處亦有。此處亦有非異熟因。而異熟因去果相遠。習氣亦爾。故此偏說。隨順唯屬第十一處。雖等流果餘處亦得。此處亦得非等流果。而此因招勝行相顯。隨順亦爾。故偏說之。真見處言唯詮第十。雖證離繫餘處亦能。此處亦能得非離繫。而此證離繫相顯故偏說。士用處言唯詮第九。雖士用果餘處亦招。此處亦能招增上等。而名相顯是故偏說。所餘唯屬餘十一處。雖十一處亦得餘果。招增上果餘處亦能。而此十一多招增上。餘已顯餘故此偏說。如是即說此五果中若異熟果。牽引生起定異同事不相違因增上緣得。若等流果。牽引生起攝受引發定異同事不相違因初後緣得。若離繫果。攝受引發定異同事不相違因增上緣得。若士用果。有義觀待攝受同事不相違因增上緣得。有義觀待牽引生起攝受引發定異同事不相違因除所緣緣餘三緣得。若增上果十因四緣一切容得。傍論已了。應辨正論。本識中種容作三緣生現分別。除等無間。謂各親種是彼因緣。爲所緣緣於能緣者。若種於彼有能助力或不障礙是增上緣。生淨現行應知亦爾。現起分別展轉相望容作三緣，無因緣故。謂有情類自他展轉容作二緣，除等無間。自八識聚展轉相望定有增上緣，必無等無間所緣緣義或無或有，八於七有，七於八無，餘七非八所仗質故，第七於六五無一有，餘六於彼一切皆無，第六於五無，餘五於彼有，五識唯託第八相故。自類前後第六容三，餘除所緣，取現境故，許五後見緣前相者五七前後亦有三緣，前七於八所緣容有，能熏成彼相見種故。同聚異體展轉相望唯有增上，諸相應法所仗質同不相緣故，或依見分說不相緣，依相分說有相緣義，謂諸相分互爲質起，如識中種爲觸等相質，不爾無色彼應無境故，設許變色亦定緣種，勿見分境不同質故。同體相分爲見二緣，見分於彼但有增上，見與自證相望亦爾，餘二展轉俱作二緣，此中不依種相分說，但說現起互爲緣故。淨八識聚自他展轉皆有所緣，能徧緣故，唯除見分非相所緣，相分理無能緣用故。(二)既現分別緣種現生，種亦理應緣現種起，現種於種能作幾緣。種必不由中二緣起，待心心所立彼二故。現於親種具作二緣，與非親種但爲增上，種望親種亦具二緣，於非親種亦但增上。依斯內識互

(二)原刻作得，今依述記卷四十六及麗刻改。

此段至說爲習氣句糅安慧釋．（一五）安慧釋云．二取者謂所取之取及能取之取．此中若執著有所取法離識自存者爲所取取．又執定此法由識分別了知者爲能取取．次釋習氣．大同今譯．（一六）此段至謂後後生句糅安慧釋．原釋末云．餘異熟即彼藏識得生．離藏識無別異熟．故盡釋成頌文末餘彼字也．原釋此下即以理教證成別有藏識．無復次釋．

爲緣起．分別因果理教皆成．所執外緣設有無用．況違理教何固執爲。雖分別言總顯三界心及心所．而隨勝者諸聖教中多門顯示．或說爲二三四五等．如餘論中具廣分別。」

雖（一一）有內識而無外緣．由何有情生死相續。頌曰．

「由（一二）諸業習氣　二取習氣俱．前異熟既盡　復生餘異熟（一三）。」一九

論曰．（一四）諸業謂福．非福．不動．即有漏善不善思業。業之眷屬亦立業名．同招引滿異熟果故。此雖纔起無間即滅．無義能招當異熟果．而熏本識起自功能．即此功能說爲習氣．是業氣分熏習所成．簡曾現業．故名習氣．如是習氣展轉相續至成熟時招異熟果．此顯當果勝增上緣。（一五）相見．名色．心及心所．本末．彼取皆二取攝．彼所熏發親能生彼本識上功能名二取習氣．此顯來世異熟果心及彼相應諸因緣種。（一六）俱謂業種二取種俱．是疏親緣互相助義．業招生顯故頌先說。前異熟者謂前前生業異熟果．餘異熟者謂後後生業異熟果。雖二取種受果無窮．而業習氣受果有盡．由異熟果性別難招．等流增

上性同易感。由感餘生業等種熟。前異熟果受用盡時復別能生餘異熟果。由斯生死輪轉無窮。何假外緣方得相續。此頌意說由業二取生死輪迴皆不離識。心心所法爲彼性故。〔一〕

〔二〕復次生死相續由諸習氣。然諸習氣總有三種。一名言習氣。謂有爲法各別親種。名言有二。一表義名言。卽能詮義音聲差別。二顯境名言。卽能了境心心所法。隨二名言所熏成種作有爲法各別因緣。二我執習氣。謂虛妄執我我所種。我執有二。一俱生我執。卽修所斷我我所執。二分別我執。卽見所斷我我所執。隨二我執所熏成種令有情等自他差別。三有支習氣。謂招三界異熟業種。有支有二。一有漏善。卽是能招可愛果業。二諸不善。卽是能招非愛果業。隨二有支所熏成種令異熟果善惡趣別。應知我執有支習氣於差別果是增上緣。此頌所言業習氣者應知卽是有支習氣。二取習氣應知卽是我執名言二種習氣。取我我所及取名言而熏成故皆說名取。俱等餘文義如前釋。復次生死相續由惑業苦。發業潤生煩惱名惑。能感後有諸

〔一〕原刻作淨，今依述記卷四十七及麗刻改。　〔二〕此下二段重解前頌，安慧釋無此文。

業名業，業所引生衆苦名苦，惑業苦種皆名習氣。前二習氣與生死苦為增上緣，助生苦故，第三習氣望生死苦能作因緣，親生苦故。頌三習氣，如應當知。惑苦名取，能所取故，取是著義，業不得名。俱等餘文義如前釋。此惑業苦應知總攝十二有支，謂從無明乃至老死，如論廣釋。然十二支略攝為四，一能引支，謂無明行，能引識等五果種故。此中無明唯取能發正感後世善惡業者，即彼所發乃名為行，由此一切順現受業別助當業皆非行支。二所引支，謂本識內親生當來異熟果攝識等五種，是前二支所引發故。此中識種謂本識因，除後三因餘因皆是名色種攝，後之三因如名次第即後三種。或名色種總攝五因，於中隨勝立餘四種，六處與識總別亦然。集論說識亦是能引，識中業種名識支故，異熟識種名色攝故。經說識支通能所引，業種識種俱名識故，識是名色依非名色攝故。識等五種由業熏發，雖實同時，而依主伴總別勝劣因果相異故，諸聖教假說前後。或依當來現起分位有次第故，說有前後。由斯識等亦說現行，因時定無現行義故。復由此說生引同時，潤未潤時必不俱故。三能生支，謂愛取有，近生當來生老死故。謂緣迷內異熟果愚發正能招後有諸業，爲緣引發親生當來生老死位五果種已，復依迷外增上果愚緣境界受發起貪愛。緣愛復生欲等四取。愛取合潤能引業種及所引因轉名爲有，俱能近有後有果故。有處唯說業種名有，此能正感異熟果故。復有唯說五種名有，親生當來識等種故。四所生支，謂生老死，是愛取有近所生故。謂從中有至本有中未衰變來皆生支攝，諸衰變位總名爲老，身壞命終乃名爲死。老非定有，附死立支。病何非支，不徧定故。老雖不定徧故立支，諸界趣生除中夭者將終皆有衰朽行故。名色不徧何故立支，定故立支，胎卵溼生者六處未滿定有名色故。又名色支亦是徧有，有色化生初受生位雖具五根而未有用，爾時未名六處支故，初生無色雖定有意根而不明了未名意處故，由斯論說十二有支一切一分上二界有。愛非徧有寧別立支，生惡趣者不愛彼故，定故別立，不求無有生善趣者定有愛故，不還潤生愛雖不起然如彼取定有種故。又愛亦徧，生惡趣者於現我境亦有愛故，依無希求惡趣身愛經說非有。非彼全無。何緣所生立生老死。所引別立識等五支。因位難知差別相故。依當果位別立五支。謂續生時因識相顯。次根未滿名色相增。次根滿時六處明盛。依斯發觸。因觸起受。爾時乃名受果究竟。依此果位立因爲五。果位易了差別相故總立二支以顯三苦。然所生果若在未來爲生厭故說生老死。若至現在爲令了知分位相生說識等五。何緣發業總立無明。潤業位中別立愛取。雖諸煩惱皆能發潤。而發業位無明力增。以具十一殊勝事故。謂所緣等。廣如經說。於潤業位愛力偏增。說愛如水能沃潤故。要數溉灌方生有芽。且依初後分愛取二。無重發義立一無明。雖取支中攝諸煩惱。而愛潤勝說是愛增。諸緣起支皆依自地。有所發行依他無明。如下無明發上地行。不爾。初伏下地染者所起上定應非行支。彼地無明猶未起故。從上下地生下上者。彼緣何受而起愛支。彼愛亦緣當生地受。若現若種。於理無違。此十二支十因二果定不同世。因中前七與愛取有或異或同。若二三七各定同世。如是十二一重因果足顯輪轉及離斷常。施設兩重實爲無用。或應過此便致無窮。此十二支義門別者．九實．三假．已潤六支合爲有故．卽識等五三相位別名生等故。五是一事．謂無明識觸受愛五．餘非一事。三唯是染煩惱性故．七唯不染異熟果故．七分位中容起染故假說通二．餘通二種。無明愛取說名獨相．不與餘支相交雜故．餘是雜相。六唯非色．謂無明識觸受愛取．餘通二種。皆是有漏．唯有爲攝．無漏無爲非有支故。無明愛取唯通不善有覆無記．行唯善惡．有通善惡無覆無記．餘七唯是無覆無記．七分位中亦起善染。雖皆通三界而有分有全。上地行支能伏下地．卽麤苦等六種行相有求上生而起彼故。一切皆唯非學無學．聖者所起有漏善業明爲緣故．違有支故．非有支攝．由此應知聖必不造感後有業．於後苦果不迷求故．雜修靜慮資下故業生淨居等．於理無違。一解有義無明唯見所斷．要迷諦理能發行故．聖必不造後有業故。愛取二支唯修所斷．貪求當有而潤生故．九種命終心俱生愛俱故．餘九皆通見修所斷。二解有義一切皆通二斷．論說預流果已斷一切一分有支無全斷者故．若無明支唯見所斷．寧說預流無全斷者。若愛取支唯修所斷．寧說彼已斷一切支一分，又說全界一切煩惱皆能結生，往惡趣行唯分別起煩惱能發，不言潤生唯修所斷。〔一〕諸感後有行皆見所斷發，由此故知無明愛取三支亦通見修所斷。然無明支正發行者唯見所斷，助者不定；愛取二支正潤生者唯修所斷，助者不定。又染汙法自性應斷，對治起時彼永斷故；一切有漏不染汙法非性應斷，不違道故。然有二義說之爲斷：一離縛故，謂斷緣彼雜彼煩惱；二不生故，謂斷彼依令永不起。依離縛斷說有漏善無覆無記唯修所斷；依不生斷說諸惡趣無想定等唯見所斷。說十二支通二斷者，於前諸斷如應當知。十樂捨俱，受不與受共相應故；老死位中多分無樂及客捨故。十一苦俱，非受俱故。十一少分壞苦所攝，老死位中多無樂受，依樂立壞故不說之。十二少分苦苦所攝，一切支中有苦受故。十二全分行苦所攝，諸有漏法皆行苦故。依捨受說十一少分除老死支，如壞苦說，實義如是。諸聖教中隨彼相增所說不定。皆苦諦攝，取蘊性故；五亦集諦攝，業煩惱性故。諸支相望增上定有；餘之三緣有無不定。契經依定唯說有一：愛望於取，有望於生，有因緣義。若說識支是業種

〔一〕原刻作謂，今依述記卷四十九及麗刻改。

者行望於識亦作因緣。餘支相望無因緣義。而集論說無明望行有因緣者。依無明時業習氣說無明俱故假說無明實是行種。瑜伽論說諸支相望無因緣者依現愛取唯業有說。無明望行愛望於取生望老死有餘二緣。有望於生受望於愛無等無間有所緣緣。餘支相望二俱非有。此中且依鄰近順次不相雜亂實緣起說。異此相望爲緣不定。諸聽慧者如理應思。惑業苦三攝十二者。無明愛取是惑所攝。行有一分是業所攝。七有一分是苦所攝。有處說業全攝有者應知彼依業有說故。有處說識業所攝者。彼說業種爲識支故。惑業所招獨名苦者。唯苦諦攝爲生厭故。由惑業苦卽十二支。故此能令生死相續。復次生死相續由內因緣不待外緣。故唯有識。因謂有漏無漏二業正感生死故說爲因。緣(二)謂煩惱所知二障助感生死故說爲緣。所以者何。生死有二。一分段生死。謂諸有漏善不善業由煩惱障緣助勢力所感三界麤異熟果。身命短長隨因緣力有定齊限故名分段。二不思議變易生死。謂諸無漏有分別業由所知障緣助勢力所感殊勝細異熟果由悲願力改轉身命無定齊限

(一)勘安慧釋埋證藏識段有二云。業以煩惱爲增上故乃引後有。故煩惱爲流轉根本。煩惱滅則輪迴滅。述同此解。

故名變易。無漏定願正所資感。妙用難測名不思議。或名意成身。隨意願成故。如契經說。如取爲緣有漏業因續後有者而生三有。如是無明習地爲緣無漏業因有阿羅漢獨覺已得自在菩薩生三種意成身。亦名變化身。無漏定力轉令異本如變化故。如有論說。聲聞無學永盡後有云何能證無上菩提。依變化身證無上覺非業報身故不違理。若所知障助無漏業能感生死。二乘定姓應不永入無餘涅槃。如諸異生拘煩惱故。如何道諦實能感苦。誰言實感。不爾如何。無漏定願資有漏業令所得果相續長時展轉增勝假說名感。如是感時由所知障爲緣助力非獨能感。然所知障不障解脫無能發業潤生用故。何用資感生死苦爲。自證菩提利樂他故。謂不定姓獨覺聲聞及得自在大願菩薩。已永斷伏煩惱障故無容復受當分段身。恐廢長時修菩薩行。遂以無漏勝定願力如延壽法資現身因令彼長時與果不絕。數數如是定願資助乃至證得無上菩提。彼復何須所知障助。既未圓證無相大悲。不執菩提有情實有無由發起猛利悲願。又所知障障大菩提。爲永斷除留身久住。又所知障爲有漏依.此障若無彼定非有.故於身住有大助力。若所留身有漏定願所資助者.分段身攝.二乘異生所知境故。無漏定願所資助者.變易身攝.非彼境故。由此應知變易生死性是有漏異熟果攝.於無漏業是增上果.有聖教中說爲無漏出三界者隨助因說。頌中所言諸業習氣卽前所說二業種子.二取習氣卽前所說二障種子.倶執著故.倶等餘文義如前釋。變易生死雖無分段前後異熟別盡別生.而數資助前後改轉.亦有前盡餘復生義。雖亦由現生死相續.而種定有頌偏說之.或爲顯示真異熟因果皆不離本識故不說現.現異熟因不卽與果.轉識間斷非異熟故。前中後際生死輪迴不待外緣既由內識.淨法相續應知亦然。謂無始來依附本識有無漏種.由轉識等數數熏發漸漸增勝.乃至究竟得成佛時轉捨本來雜染識種轉得始起清淨種識任持一切功德種子.由本願力盡未來際起諸妙用相續無窮.由此應知唯有內識。[一]

若唯有識.何故世尊處處經中說有三性。應知三性亦不離識。所以者何。頌曰.

(一)此段生起糅安慧釋.

云此自性遍計無所有二字別爲一句，釋成自性遍計之所以也。（三）勘梵藏本連下分別爲一句無此起字，安慧釋始云依他意謂生起，今譯增文。（四）勘梵藏本無此實字，今譯增文。（五）梵藏本以遠離性相連而言 rahitatā med-par hgyur-ba 意指彼遠離之事也。（六）勘梵藏本此句末有說字 vcāyo, brjod. 今略。（七）勘梵藏本此句意謂不見此則不見彼。（八）此解同轉識論，又糅安慧釋原釋云內外物分別無邊故云彼彼。（九）此下廣辨遍計自性，安慧釋無文，述記卷五十一謂此第一解爲安慧說，未詳何據。

由彼彼偏計(一)　偏計種種物。　此偏計所執　自(二)性無所有。　二〇

依他起自性(三)　分別緣所生。　圓成實(四)於彼　常遠(五)離前性。　二一

故此與依他　非異非不異。　如無常等性(六)。　非(七)不見此彼。　二二

論曰。(一解)(八)周偏計度故名偏計。品類衆多說爲彼彼。謂能偏計虛妄分別。即由彼彼虛妄分別偏計種種所偏計物。謂所妄執蘊處界等若法若我自性差別。此所妄執自性差別總名偏計所執自性。如是自性都無所有。理教推徵不可得故。(二解)或初句顯能偏計識。第二句示所偏計境。後半方申偏計所執若我若法自性非有。已廣顯彼不可得故。

初(九)能偏計自性云何。(一解)有義八識及諸心所有漏攝者皆能偏計。虛妄分別爲自性故。皆似所取能取現故。說阿賴耶以偏計所執自性妄執種爲所緣故。(二解)有義第六第七心品執我法者是能偏計。唯說意識能偏計故。意及意識名意識故。計度分別能偏計故。執我法者必是慧故。二執必與無明俱故。不說無明有善性故。癡無癡等不相應故。不見有執導空智故。執有達無不俱起故。曾無有執非能熏故。有漏心等不證

實故一切皆名虛妄分別。雖似所取能取相現而非一切能偏計攝。勿無漏心亦有執故。如來後得應有執故。經說佛智現身土等種種影像如鏡等故。若無緣用應非智等。雖說藏識緣偏計種而不說唯。故非誠證。由斯理趣唯於第六第七心品有能偏計。識品雖二而有二三四五六七八九十等偏計不同。故言彼彼。次所偏計自性云何。攝大乘說是依他起。偏計心等所緣緣故。圓成實性寧非彼境。真非妄執所緣境故。依展轉說亦所偏計。偏計所執雖是彼境。而非所緣緣故非所偏計。偏計所執其相云何。與依他起復有何別。有義（一解）（一）三界心及心所由無始來虛妄熏習雖各體一而似二生。謂見相分即能所取。如是二分情有理無。此相說為偏計所執。二所依體實託緣生。此性非無名依他起。虛妄分別緣所生故。云何知然。諸聖教說虛妄分別是依他起。二取名為偏計所執。（二解）有義一切心及心所由熏習力所變二分從緣生故亦依他起。偏計依斯妄執定實有無一異俱不俱等。此二方名偏計所執。諸聖教說唯量唯二種種皆名依他起故。又相等四法十一識等論皆說為依他起攝故。不爾

（一）述記卷五十一謂此為安慧說。勘安慧釋無文。原釋前解二取意云於分別法遍計能所是為二取。非即指見相二分也。

無漏後得智品二分應名徧計所執。許應聖智不緣彼生。緣彼智品應非道諦。不許應知有漏亦爾。又若二分是徧計所執。應如兔角等非所緣緣。徧計所執體非有故。又應二分不熏成種。後識等生應無二分。又諸習氣是相分攝。豈非有法能作因緣。若緣所生內相見分非依他起。二所依體例亦應然。無異因故。

（二）由斯理趣衆緣所生心心所體及相見分有漏無漏皆依他起。依他衆緣而得起故。頌言分別緣所生者。應知且說染分依他。淨分依他亦圓成故。或諸染淨心心所法皆名分別。能緣慮故。是則一切染淨依他皆是此中依他起攝。（三）二空所顯圓滿成就諸法實性名圓成實。顯此徧常體非虛謬。簡自共相虛空我等。無漏有爲離倒究竟勝用周徧亦得此名。然今頌中說初非後。（四）此卽於彼依他起上常遠離前徧計所執二空所顯真如爲性。說於彼言顯圓成實與依他起不卽不離。常遠離言顯妄所執能所取性理恆非有。前言義顯不空依他。性顯二空非圓成實。真如離有離無性故。（五）由前理故此圓成實與彼依他起非異非不異。異應真如非彼實性。不異此性應是無常。彼此俱應淨非

（一）安慧釋以依他[illegible]爲一[illegible]。[illegible]（二）此[illegible]
他故起。立名依他性。又糅安慧釋。原釋云。分別者顯示依他性之自體。從緣生者顯示說名依他之因云云。（三）安慧釋以圓成別爲一段。生起文云。已說依他。圓成云何。次頌云云。又原釋云。無變異故。圓滿成就是爲圓成自性。（四）此解糅安慧釋。原釋云。於依他起常一切時畢竟遠離彼二取性。是卽圓成自性。唯識論說。謂爲徧計與依他不離。（五）安慧釋以此二句頌別爲一段。但無文生起。次如無常句亦同。今譯二段文皆糅安慧釋。

淨境。則本後智用應無別。云何二性非異非一。如彼無常無我等性。(一)無常等性與行等法異應彼法非無常等。不異此應非彼共相。由斯喻顯此圓成實與彼依他非一非異。法與法性理必應然。勝義世俗相待有故。(二)非不證見此圓成實而能見彼依他起性。未達徧計所執性空不如實知依他有故。無分別智證真如已後得智中方能了達依他起性如幻事等。雖無始來心心所法已能緣自相見分等。而我法執恆俱行故。不如實知衆緣所引自心心所虛妄變現猶如幻事。陽燄。夢境。鏡像。光影。谷響。水月。變化所成非有似有。依如是義故有頌言。(三)非不見真如而能了諸行皆如幻事等雖有而非真。此中意說三種自性皆不遠離心心所法。謂心心所及所變現衆緣生故。如幻事等非有似有誑惑愚夫。一切皆名依他起性。愚夫於此橫執我法有無一異俱不俱等。如空華等性相都無一切皆名徧計所執。依他起上彼所妄執我法俱空。此空所顯識等真性名圓成實。是故此三不離心等。

(四)虛空擇滅非擇滅等何性攝耶。三皆容攝。心等變似虛空等相隨心生故依他起攝。

(一)原刻作法。今依述記卷五十一及麗刻改。次同。　(二)安慧釋此段別生起云。若依他遠離能取所取者。云何了彼有取無取。餘釋大同。今譯一切法如幻等。原釋謂是入無分別陀羅尼中所說。　(三)此下引頌。安慧釋無文。

(四)此下諸門廣辨。安慧釋無文。

愚夫於中妄執實有此卽偏計所執性攝，若於真如假施設有虛空等義圓成實攝。有漏心等定屬依他，無漏心等容二性攝，衆緣生故攝屬依他，無顛倒故圓成實攝。如是三性與七真如云何相攝。七真如者，一流轉真如謂有爲法流轉實性，二實相真如謂二無我所顯實性，三唯識真如謂染淨法唯識實性，四安立真如謂苦實性，五邪行真如謂集實性，六清淨真如謂滅實性，七正行真如謂道實性。此七實性圓成實攝，根本後得二智境故。隨相攝者，流轉苦集三前二性攝，妄執雜染故，餘四皆是圓成實攝。三性六法相攝云何。彼六法中皆具三性，色受想行識及無爲皆有妄執緣生理故。三性五事相攝云何。諸聖教說相攝不定。謂或有處說依他起攝彼相名分別正智，圓成實性攝彼真如，偏計所執不攝五事，彼說有漏心心所法變似所詮說名爲相，似能詮現施設爲名，能變心等立爲分別，無漏心等離戲論故但總名正智不說能所詮，四從緣生皆依他攝。或復有處說依他起攝相分別，偏計所執唯攝彼名，正智真如圓成實攝，彼說有漏心及心所相分名相，餘名分別，偏計所執都無體故爲顯非有假說爲名，二無倒故圓成實攝。或有處說依他起性唯攝分別，徧計所執攝彼相名，正智真如圓成實攝，彼說有漏心及心所相見分等總名分別，虛妄分別爲自性故，徧計所執能詮所詮隨情立爲名相二事。復有處說名屬依他起性，義屬徧計所執，彼說有漏心心所法相見分等由名勢力成所徧計故說爲名，徧計所執隨名橫計體實非有假立義名。諸聖教中所說五事文雖有異而義無違，然初所說不相雜亂，如瑜伽論廣說應知。又聖教中說有五相，與此三性相攝云何。所詮能詮各具三性，謂妄所計屬初性攝，相名分別隨其所應所詮能詮屬依他起，真如正智隨其所應所詮能詮屬圓成實，後得變似能詮相故。二相屬相唯初性攝，妄執義名定相屬故。彼執著相唯依他起，虛妄分別爲自性故。不執著相唯圓成實，無漏智等爲自性故。又聖教中說四真實，與此三性相攝云何。世間道理所成真實依他起攝，三事攝故，二障淨智所行真實圓成實攝，二事攝故。辯中邊論說初真實唯初性攝，共所執故，第二真實通屬三性，理通執無執雜染清淨故，後二真實唯屬第三。

三性四諦相攝云何。四中一一皆具三性。且苦諦中無常等四各有三性。無常三者。一無性無常性常無故。二起盡無常有生滅故。三垢淨無常位轉變故。苦有三者。一所取苦我法二執所依取故。二事相苦三苦相故。三和合苦苦相合故。空有三者。一無性空性非有故。二異性空與妄所執自性異故。三自性空二空所顯爲自性故。無我三者。一無相無我我相無故。二異相無我與妄所執我相異故。三自相無我無我所顯爲自相故。集諦三者。一習氣集謂偏計所執自性執習氣執彼習氣假立彼名。二等起集謂業煩惱。三未離繫集謂未離障真如。滅諦三者。一自性滅自性不生故。二二取滅謂擇滅二取不生故。三本性滅謂真如故。道諦三者。一偏知道能知偏計所執故。二永斷道能斷依他起故。三作證道能證圓成實故。然偏知道亦通後二。七三三性如次配釋。今於此中所配三性或假或實如理應知。

三解脫門所行境界與此三性相攝云何。理實皆通隨相各一。空無願相如次應知。緣此復生三無生忍。一本性無生忍。二自然無生忍。三惑苦無生忍。如次此三是彼境故。

此三云何攝彼

二諦。應知世俗具此三種，勝義唯是圓成實性。世俗有三，一假世俗，二行世俗，三顯了世俗，如次應知卽此三性。勝義有三，一義勝義謂眞如，勝之義故，二得勝義謂涅槃，勝卽義故，三行勝義謂聖道，勝爲義故，無變無倒隨其所應故皆攝在圓成實性。

如是三性何智所行。徧計所執都非智所行，以無自性非所緣緣故，愚夫執有聖者達無亦得說爲凡聖智境。依他起性二智所行，圓成實性唯聖智境。此三性中幾假幾實。徧計所執妄安立故可說爲假，無體相故非假非實。依他起性有實有假，聚集相續分位性故說爲假有，心心所色從緣生故說爲實有，若無實法假法亦無，假依實因而施設故。圓成實性唯是實有，不依他緣而施設故。此三爲異爲不異耶。應說俱非，無別體故，妄執緣起眞義別故。如是三性義類無邊，恐厭繁文略示綱要。

成唯識論卷第八

[illegible]下後由遠離二句。今譯改文。（四）勘安慧釋以此頌釋第三無自性性。今譯增前二句釋第三而以此頌明唯識性。未詳所據。又真如原作如性。今譯增真字。（五）此句糅安慧釋原釋。次下解一切法云以遍計依他圓成性爲體者是。（六）此句生起。糅安慧釋原釋云今說三性各有何種無自性故舉頌云云。（七）此段三無如妄執句糅安慧釋。（八）勘安慧釋此句爲一因。次句又爲一因。今譯中略故字。

成唯識論卷第九

護法等菩薩造

唐三藏法師玄奘奉詔譯

若(一)有三性。如何世尊說一切法皆無自性。頌曰。

即(二)依此三性　立彼三無性。　故佛密意說　一切法無性。二三

初(三)即相無性。　次無自然性。　後由遠離前　所執我法性。二四

此(四)諸法勝義。　亦即是真如。　常如其性故。　即唯識實性。二五

論曰。即(五)依此前所說三性立彼後說三種無性。謂即相生勝義無性。故佛密意說一切法皆無自性。非性全無。說密意言顯非了義。謂後二性雖體非無而有愚夫於彼增益妄執實有我法自性。此即名爲偏計所執。爲除此執故佛世尊於有及無總說無性。云(六)何依此而立彼三。謂(七)依此初偏計所執立相無性。由此體相畢竟非有如空華故。依次依他立生無性。此(八)如幻事託衆緣生。無如妄執自然性故假說無性。非性全無。依後圓

成實立勝義無性。謂卽勝義。由遠離前徧計所執我法性故假說無性。非性全無。如太虛空雖徧衆色而是衆色無性所顯。雖依他起非勝義故亦得說爲勝義無性。而濫第二。故此不說。(一)此性卽是諸法勝義。是一切法勝義諦故。然勝義諦略有四種。一世間勝義。謂蘊處界等。二道理勝義。謂苦等四諦。三證得勝義。謂二空真如。四勝義勝義。謂一真法界。此中勝義依最後說。是最勝道所行義故。(二)爲簡前三故作是說。此諸法勝義亦卽是真如。真謂真實顯非虛妄。如謂如常表無變易。(三)謂此真實於一切位常如其性故曰真如。卽是湛然不虛妄義。(四)亦言顯此復有多名。謂名法界及實際等。如餘論中隨義廣釋。(五)此性卽是唯識實性。謂唯識性略有二種。一者虛妄。謂徧計所執。二者真實。謂圓成實性。爲簡虛妄說實性言。復有二性。一者世俗。謂依他起。二者勝義。謂圓成實。爲簡世俗故說實性。三頌總顯諸契經中說無性言非極了義。諸有智者不應依之總撥諸法都無自性。(六)如是所成唯識相性誰於幾位如何悟入。謂具大乘二種姓者略於五位漸次悟入。何謂大乘二種種姓。一本性住種姓。謂無始來依附本識法爾所得無漏法

(一)此二句糅安慧釋。原釋云。如是圓成自性爲一切依他性法之勝義。以是彼法性故。圓成爲勝義無自性。亦以是無自性之性故。　(二)安慧釋此段別生起云。但由勝義一語說圓成耶。亦有餘耶。頌云云云。　(三)此句糅安慧釋。原釋以此解常如其性句。故在後出。　(四)此一句糅安慧釋。原釋在前出。　(五)安慧釋此段別生起云。若唯圓成識如性。亦唯圓成爲唯識性耶。或復有餘唯識性耶。故頌云云。又釋頌云。悟入極清淨指故。又由此語顯示[illegible]故。　(六)安慧釋此段生起云。若是[illegible]皆唯識者。從何而起此心。謂由[illegible]等取二[illegible]耶。故頌云云。又釋頌云[illegible]由

因。二習所成種姓。謂聞法界等流法已聞所成等熏習所成。要具大乘此二種姓方能漸次悟入唯識。何謂悟入唯識五位。一資糧位。謂修大乘順解脫分。二加行位。謂修大乘順決擇分。三通達位。謂諸菩薩所住見道。四修習位。謂諸菩薩所住修道。五究竟位謂住無上正等菩提。云何漸次悟入唯識。謂諸菩薩於識相性資糧位中能深信解。在加行位能漸伏除所取能取引發真見。在通達位如實通達。修習位中如所見理數數修習伏斷餘障。至究竟位出障圓明能盡未來化有情類復令悟入唯識相性。初資糧位其相云何。頌曰。

乃（一）至未起識　求住唯識性　於二取隨眠　猶未能伏滅。二六

論曰。從（二）發深固大菩提心乃至未起順決擇識求住唯識真勝義性。齊此皆是資糧位攝。為趣無上正等菩提修集種種勝資糧故。為有情故勤求解脫。由此亦名順解脫分。此位菩薩依因善友作意資糧四勝力故。於唯識義雖深信解而未能了能所取空。多住外門修菩薩行。故於二取所引隨眠猶未有能伏滅功力令彼不起二取現行。（三）此二

（一）勘梵藏本此二句云乃至唯識性識未住彼時。轉識論亦云若人修道智慧未住此唯識義者。無求住之義。今譯增文。（二）安慧釋略云。此謂心未住於唯識性即心法性之時。則猶行於能取所取有所得中。蓋謂猶有二取相也。（三）此四句糅安慧釋。原釋末結云。此說外有所得不斷故內有所得亦不斷。故生此心謂由眼等我取色等。

取言顯二取取．執取能取所取性故。二取習氣名彼隨眠．隨逐有情眠伏藏識．或隨增過故名隨眠．即是所知煩惱障種。

㈡煩惱障者．謂執徧計所執實我薩迦耶見而爲上首百二十八根本煩惱．及彼等流諸隨煩惱．此皆擾惱有情身心能障涅槃名煩惱障。所知障者．謂執徧計所執實法薩迦耶見而爲上首見疑無明愛恚慢等．覆所知境無顛倒性．能障菩提名所知障。此所知障決定不與異熟識俱．彼微劣故．不與無明慧相應故．法空智品與俱起故。七轉識內隨其所應或少或多如煩惱說．眼等五識無分別故法見疑等定不相應．餘由意力皆容引起。此障但與不善無記二心相應．論說無明唯通不善無記性故．癡無癡等不相應故。煩惱障中此障必有．彼定用此爲所依故。體雖無異．而用有別．故二隨眠隨聖道用有勝有劣斷或前後。此於無覆無記性中是異熟生．非餘三種．彼威儀等勢用薄弱非覆所知障菩提故。此名無覆望二乘說．若望菩薩亦是有覆。若所知障有見疑等．如何此種契經說爲無明住地．無明增故總名無明．非無見等．

（一）此下廣辨二障．安慧釋無文．

如煩惱種立見一處欲色有愛四住地名。豈彼更無慢無明等。如是二障分別起者見所斷攝。任運起者修所斷攝。二乘但能斷煩惱障。菩薩俱斷。永斷二種唯聖道能。伏二現行通有漏道。菩薩住此資糧位中二麤現行雖有伏者。而於細者及二隨眠止觀力微未能伏滅。

此位未證唯識真如。依(一)勝解力修諸勝行。應知亦是解行地攝。所修勝行其相云何。略有二種。謂福及智。諸勝行中慧爲性者皆名爲智。餘名爲福。且依六種波羅蜜多。通相皆二。別相前五說爲福德。第六智慧。或復前三唯福德攝。後一唯智。餘通二種。復有二種。謂利自他。所修勝行隨意樂力一切皆通自他利行。依別相說六到彼岸菩提分等自利行攝。四種攝事四無量等一切皆是利他行攝。如是等行差別無邊。皆是此中所修勝行。此位二障雖未伏除。修勝行時有三退屈。而能三事練磨其心。於所證修勇猛不退。一聞無上正等菩提廣大深遠心便退屈。引他已證大菩提者練磨自心勇猛不退。二聞施等波羅蜜多甚難可修心便退屈。省己意樂能修施等練磨自心勇猛不退。

(一)原刻作後。今依述記卷五十四及麗刻改。

三聞諸佛圓滿轉依極難可證心便退屈引他麤善況已妙因練磨自心勇猛不退由斯三事練磨其心堅固熾然修諸勝行。(一)次加行位其相云何。頌曰。

(二)現前立少物　謂是唯識性　以有所得故　非實住唯識(三)。二七

論曰。菩(四)薩先於初無數劫善備福德智慧資糧順解脫分既圓滿已爲入見道住唯識性。復修加行伏除二取。謂煖頂忍世第一法。此四總名順決擇分。順趣真實決擇分故。近見道故立加行名。非前資糧無加行義。煖等四法依四尋思四如實智初後位立。四尋思者尋思名義自性差別假有實無。如實偏知此四離識及識非有名如實智。名義相異故別尋求。二二相同故合思察。依明得定發下尋思觀無所取立爲煖位。謂此位中創觀所取名等四法皆自心變假施設有實不可得。初獲慧日前行相故立明得名。即此所獲道火前相故亦名煖。依明增定發上尋思觀無所取立爲頂位。謂此位中重觀所取名等四法皆自心變假施設有實不可得。明相轉盛故名明增。尋思位極故復名頂。依印順定發下如實智於無所取決定印持。無取能中亦順樂忍。既無實境離能

(一)安慧釋此段生起云。今此當說若緣離境唯心即住心法性耶。不爾。頌云云。又釋復有增上慢者以爲唯聞即已住唯識。爲遣彼執。故頌云云。(二)勘梵藏本以此爲第二句。轉識論亦云若謂但唯有識現前[illegible]此執。今譯改文。(三)梵藏本作唯彼。tammātra, de-ni tsam-pa　(四)安慧釋略云。謂若是皆唯識者。離無外境有所得者執面取相。現前者當前立者。如其所聞由意安立。謂行者所緣有多種故。今但隨說少物。若骨鎖若青瘀若膿脹等。非住[illegible]

取識寧有實識離所取境，所取能取相待立故，印順忍時總立爲忍，印前順後立印順名，忍境識空故亦名忍。依無間定發上如實智印二取空立世第一法，謂前上忍唯印能取空，今世第一法二空雙印，從此無間必入見道故立無間名，異生法中此最勝故名世第一法。如是煖頂依能取識觀所取空，下忍起時印境空相，中忍轉位於能取識如境是空順樂忍可，上忍起位印能取空，世第一法雙印空相，皆帶相故未能證實，故說菩薩此四位中猶於現前安立少物謂是唯識真勝義性。以彼空有二相未除，帶相觀心有所得故，非實安住真唯識理，彼相滅已方實安住。依如是義故有頌言，菩薩於定位觀影唯是心，義想既滅除審觀唯自想，如是住內心知所取非有，次能取亦無，後觸無所得。此加行位未遣相縛，於麤重縛亦未能斷，唯能伏除分別二取，違見道故。於俱生者及二隨眠有漏觀心有所得故，有分別故未全伏除全未能滅。此位菩薩於安立諦非安立諦俱學觀察，爲引當來二種見故及伏分別二種障故，非安立諦是正所觀非如二乘唯觀安立。菩薩起此煖等善根雖方便時通諸靜慮，而依第四方得成滿，託最勝依入見道故。」唯依欲界善趣身起。餘慧厭心非殊勝故。」此位亦是解行地攝未證唯識真勝義故。」(二)次通達位其相云何。頌曰。

(三)若時於所緣　智都無所得。　爾時住唯識。　離(三)二取相故。　二八

(四)論曰。若時菩薩於所緣境無分別智都無所得。不取種種戲論相故。爾時乃名實住唯識真勝義性。即證真如。智與真如平等平等俱離能取所取相故。能所取相俱是分別有所得心戲論現故。」(一解)有義此智二分俱無。說無所取能取相故。(二解)有義此智相見俱有。帶彼相起名緣彼故。若無彼相名緣彼者。應色智等名聲等智。若無見分應不能緣。寧可說爲緣真如智。勿真如性亦名能緣。故應許此定有見分。(三解)有義此智見有相無。說無相取不取相故。雖有見分而無分別說非能取非取全無。雖無相分而可說此帶如相起。不離如故。如自證分緣見分時不變而緣。此亦應爾。變而緣者便非親證。如後得智應有分別。故應許此有見無相。」加行無間此智生時體會真如名通達位。初照理故亦名見道。」

(一)安慧釋此段生起云。然則何時斷識執取住於心法性耶。說頌云云。　(二)梵藏本首二句意云。若時於所緣識亦無所得。爾時則住於唯識性。云所緣者前頌以唯識爲所緣也。轉識論云若智者不更緣此境。釋云此境即此唯識境是也。今譯改識爲智。　(三)勘梵藏本此句意謂無所取故無彼能取。轉識論釋曰。由無境故識無。此識既無能緣唯識之心亦無是也。今譯缺略。　(四)安慧釋異。略云若時於教授所緣教誡所緣或色聲等所緣隨應是識於心外不可得。亦見不取亦無所執。如實而觀。不同生盲。爾時識之執取亦斷。住於自心法性。卽此說因曰。無所

(一)此下廣辨見道，安慧釋亦無文。

(一)然此見道略說有二。一真見道。謂即所說無分別智實證二空所顯真理。實斷二障分別隨眠。雖多剎那事方究竟而相等故總說一心。二解有義此中二空二障漸證漸斷。以有淺深麤細異故。二解有義此中二空二障頓證頓斷。由意樂力有堪能故。二相見道。此復有二。一觀非安立諦有三品心。一內遣有情假緣智能除輭品分別隨眠。二內遣諸法假緣智能除中品分別隨眠。三徧遣一切有情諸法假緣智能除一切分別隨眠。前二名法智。各別緣故。第三名類智。總合緣故。法真見道二空見分自所斷障無間解脫別總建立名相見道。二解有義此三是真見道。以相見道緣四諦故。二解有義此三是相見道。以真見道不別緣故。二緣安立諦有十六心。此復有二。一者依觀所取能取別立法類十六種心。謂於苦諦有四種心。一苦法智忍。謂觀三界苦諦真如正斷三界見苦所斷二十八種分別隨眠。二苦法智。謂忍無間觀前真如證前所斷煩惱解脫。三苦類智忍。謂智無間無漏慧生於法忍智各別內證言後聖法皆是此類。四苦類智。謂此無間無漏智生審定印可苦類智忍。如於苦諦有四種心。集滅道諦應知亦爾。此十六心八觀真如。八觀正智。法真見道無間解脫見自證分差別建立名相見道。二者依觀下上諦境別立法類十六種心。謂觀現前不現前界苦等四諦各有二心。一現觀忍。二現觀智。如其所應法真見道無間解脫見分觀諦斷見所斷百一十二分別隨眠名相見道。若依廣布聖教道理說相見道有九種心。此卽依前緣安立諦二十六種止觀別立。謂法類品忍智合說各有四觀卽爲八心。八相應止總說爲一。雖見道中止觀雙運。而於見義觀順非止。故此觀止開合不同。由此九心名相見道。諸相見道依真假說世第一法無間而生及斷隨眠。非實如是。真見道後方得生故。非安立後起安立故。分別隨眠真已斷故。前真見道證唯識性。後相見道證唯識相。二中初勝故頌偏說。前真見道根本智攝。後相見道後得智攝。諸後得智有二分耶。一解有義俱無離二取故。二解有義此智見有相無。說此智品有分別故。聖智皆能親照境故。不執著故說離二取。三解有義此智二分俱有。說此思惟似真如相不見真實真如性故。又說此智分別諸法自共相等。觀諸有情根性差別而爲說故。又說此智現身土等爲諸有情說正法故，若不變現似色聲等寧有現身說法等事，轉色蘊依不現色者轉四蘊依應無受等，又若此智不變似境離自體法應非所緣，緣色等時應緣聲等，又緣無法等應無所緣緣，彼體非實無緣用故，由斯後智二分俱有。此二見道與六現觀相攝云何。六現觀者，一思現觀，謂最上品喜受相應思所成慧，此能觀察諸法共相引生煖等加行道中觀察諸法，此用最猛偏立現觀，煖等不能廣分別法又未證理故非現觀。二信現觀，謂緣三寶世出世間決定淨信，此助現觀令不退轉立現觀名。三戒現觀，謂無漏戒，除破戒垢令觀增明亦名現觀。四現觀智諦現觀，謂一切種緣非安立根本後得無分別智。五現觀邊智諦現觀，謂現觀智諦現觀後諸緣安立世出世智。六究竟現觀，謂盡智等究竟位智。此眞見道攝彼第四現觀少分，此相見道攝彼第四第五少分彼第二三雖此俱起而非自性故不相攝。菩薩得此二見道時生如來家住極喜地，善達法界得諸平等，常生諸佛大集會中，於多百門已得自在，自知不久證大菩提能盡未來利樂一切。

(一)次修習位其相云何。頌曰。

(二)無得不思議．是出世間智．捨(三)二麤重故　便證得轉依。二九

論曰．菩(四)薩從前見道起已．爲斷餘障證得轉依復數修習無分別智。(五)此智遠離所取能取故說無得及不思議。或離戲論說爲無得．妙用難測名不思議。是出世間無分別智．斷世間故名出世間。二取隨眠是世間本．唯此能斷獨得出名。或出世名依二義立．謂體無漏及證真如．此智具斯二種義故獨名出世．餘智不然．卽十地中無分別智。(六)數修此故捨二麤重。二障種子立麤重名．性無堪任違細輕故．令彼永滅故說爲捨。此能捨彼二麤重故便能證得廣大轉依。(七)依謂所依卽依他起與染淨法爲所依故．染謂虛妄徧計所執．淨謂真實圓成實性。轉謂二分轉捨轉得。由數修習無分別智斷本識中二障麤重．故能轉捨依他起上徧計所執及能轉得依他起中圓成實性．由轉煩惱得大涅槃．轉所知障證無上覺．成立唯識意爲有情證得如斯二轉依果。或依卽是唯識真如．生死涅槃之所依故．愚夫顛倒迷此真如故無始來受生死苦．聖者離倒悟此真如

(一)安慧釋合次頌爲一段．謂生起云．如是心住唯識性時．復云何說．故頌云云．轉識論亦以二頌合釋上文何以證得入唯識．　(二)勘梵藏本云此無心無得．蓋識論誤．今譯不思議錯．或係原本無心 acitta 誤寫爲 acint a 也．

(三)梵藏本此二句互倒．　(四)安慧釋云．由此二頌顯示悟入唯識性之行者依於見道後修勝進乃得果圓滿也．　(五)此解釋安慧釋原釋不思議作無心　(六)此六句糅安慧釋．　(七)安慧釋云依者藏識一切種轉者．

[illegible]

（一）此下廣辨證得轉依。安慧釋無文。

便得涅槃畢竟安樂。由數修習無分別智斷本識中二障麤重。故能轉滅依如生死及能轉證依如涅槃。此即真如離雜染性。如雖性淨而相雜染故離染時假說新淨。即此新淨說爲轉依。修習位中斷障證得。雖於此位亦得菩提。而非此中頌意所顯。頌意但顯轉唯識性。二乘滿位名解脫身。在大牟尼名法身故。

（一）云何證得二種轉依。謂十地中修十勝行。斷十重障。證十真如。二種轉依由斯證得。

言十地者。一極喜地。初獲聖性具證二空能益自他生大喜故。二離垢地。具淨尸羅遠離能起微細毀犯煩惱垢故。三發光地。成就勝定大法總持能發無邊妙慧光故。四燄慧地。安住最勝菩提分法燒煩惱薪慧燄增故。五極難勝地。真俗兩智行相互違合令相應極難勝故。六現前地。住緣起智引無分別最勝般若令現前故。七遠行地。至無相住功用後邊出過世間二乘道故。八不動地。無分別智任運相續相用煩惱不能動故。九善慧地。成就微妙四無礙解能徧十方善說法故。十法雲地。大法智雲含衆德水蔽如空麤重充滿法身故。如是十地總攝有爲無爲功德以爲自性。與所修行爲勝依持令得生長故名爲地。十勝行者．卽是十種波羅蜜多。施有三種．謂財施．無畏施．法施。戒有三種．謂律儀戒．〔一〕攝善法戒．饒益有情戒。忍有三種．謂耐怨害忍．安受苦忍．諦察法忍。精進有三種．謂被甲精進．攝善精進．利樂精進。靜慮有三種．謂〔二〕安住靜慮．引發靜慮．辦事靜慮。般若有三種．謂生空無分別慧．法空無分別慧．俱空無分別慧。方便善巧有二種．謂迴向方便善巧．拔濟方便善巧。願有二種．謂求菩提願．利樂他願。力有二種．謂思擇力．修習力。智有二種．謂受用法樂智．成熟有情智。此十性者．施以無貪及彼所起三業爲性．戒以受學菩薩戒時三業爲性．忍以無瞋精進審慧及彼所起三業爲性．精進以勤及彼所起三業爲性．靜慮但以等持爲性．後五皆以擇法爲性．說是根本後得智故。有義第八以欲勝解及信爲性．願以此三爲自性故。此說自性．若幷眷屬一一皆以一切俱行功德爲性。此十相者要七最勝之所攝受方可建立波羅蜜多．一安住最勝謂要安住菩薩種姓．二依止最勝謂要依止大菩提心．三意樂最勝謂要悲愍一切有情．四事業最勝謂要具行一切事業．

〔一〕此字依麗刻加。

五巧便最勝謂要無相智所攝受，六迴向最勝謂要迴向無上菩提，七清淨最勝謂要不爲二障間雜，若非此七所攝受者所行施等非到彼岸，由斯施等十對波羅蜜多一一皆應四句分別。此但有十不增減者，謂十地中對治十障證十眞如無增減故。復次前六不增減者，爲除六種相違障故，漸次修行諸佛法故，漸次成熟諸有情故。此如餘論廣說應知。又施等三增上生道感大財體及眷屬故，精進等三決定勝道能伏煩惱成熟有情及佛法故，諸菩薩道唯有此二。又前三種饒益有情，施彼資財不損惱彼堪忍彼惱而饒益故，精進等三對治煩惱，雖未伏滅而能精勤修對治彼諸善加行永伏永滅諸煩惱故。又由施等不住涅槃，及由後三不住生死，爲無住處涅槃資糧，由此前六不增不減。後唯四者爲助前六令修滿足不增減故，方便善巧助施等三，願助精進，力助靜慮，智助般若，令修滿故，如解深密廣說應知。十次第者，謂由前前引發後後，及由後後持淨前前，又前前麤後後細故易難修習次第如是。釋總別名如餘處說。此十修者有五種修，一依止任持修，二依止作意修，三依止意樂修四依止方便修五依止自在修依此五修修習十種波羅蜜多皆得圓滿如集論等廣說其相。此十攝者謂十一一皆攝一切波羅蜜多互相順故依修前行而引後者前攝於後必待前故後不攝前不待後故。依修後行持淨前者後攝於前持淨前故前不攝後非持淨故。若依純雜而修習者展轉相望應作四句。此實有十而說六者應知後四第六所攝。開爲十者第六唯攝無分別智後四皆是後得智攝緣世俗故。此十果者有漏有四除離繫果無漏有四除異熟果。而有處說具五果者或互相資或二合說。十與三學互相攝者戒學有三一律儀戒謂正遠離所應離法二攝善法戒謂正修證應修證法三饒益有情戒謂正利樂一切有情此與二乘有共不共甚深廣大如餘處說。定學有四一大乘光明定謂此能發照了大乘理教行果智光明故二集福王定謂此自在集無邊福如王勢力無等雙故三賢守定謂此能守世出世間賢善法故四健行定謂佛菩薩大健有情之所行故。此四所緣對治堪能引發作業如餘處說。慧學有三一加行無分別慧二根本無分別慧三後得無分別慧。此三自性所依因緣所緣行等如餘處說。如是三慧初二位中種具有三。現唯加行。於通達位現二種三。見道位中無加行故。於修習位七地以前若種若現俱通三種。八地以去現二種三。無功用道違加行故。所有進趣皆用後得。無漏觀中任運起故。究竟位中現種俱二。加行現種俱已捨故。若自性攝。戒唯攝戒。定攝靜慮。慧攝後五。若幷助伴皆具相攝。若隨用攝。戒攝前三。資糧自體眷屬性故。定攝靜慮。慧攝後五。精進三攝徧策三故。若隨顯攝。戒攝前四。前三如前及守護故。定攝靜慮。慧攝後五。此十位者。五位皆具修習位中其相最顯。然初二位頓悟菩薩種通二種。現唯有漏。漸悟菩薩若種若現俱通二種。已得生空無漏觀故。通達位中種通二種。現唯無漏。於修習位七地以前種現俱通有漏無漏。八地以去種通二種現唯無漏。究竟位中若現若種俱唯無漏。此十因位有三種名。一名波羅蜜多。謂初無數劫爾時施等勢力尚微。被煩惱伏未能伏彼。由斯煩惱不覺現行。二名近波羅蜜多。謂第二無數劫爾時施等勢力漸增。非煩惱伏而能伏彼。由斯煩惱故意方行。三名大波羅蜜多。謂第三無數劫爾時施等勢力轉增。能畢竟伏一切煩惱。由斯煩惱永不現行。猶有所知微細現種及煩惱種故未究竟。「此十義類差別無邊。恐厭繁文略示綱要。十於十地雖實皆修。而隨相增地地修一。雖十地行有無量門。而皆攝在十到彼岸。」十重障者。一異生性障。謂二障中分別起者。依彼種立異生性故。二乘見道現在前時唯斷一種名得聖性。菩薩見道現在前時具斷二種名得聖性。二真見道現在前時彼二障種必不成就。猶明與闇定不俱生。如秤兩頭低昂時等。諸相違法理必應然。是故二性無俱成失。無間道時已無惑種。何用復起解脫道爲。斷惑證滅期心別故。爲捨彼品麤重性故。無間道時雖無惑種而未捨彼無堪任性。爲捨此故起解脫道及證此品擇滅無爲。雖見道生亦斷惡趣諸業果等而今且說能起煩惱是根本故。由斯初地說斷二愚及彼麤重。一執著我法愚。卽是此中異生性障。二惡趣雜染愚。卽是惡趣諸業果等。應知愚品總說爲愚。後準此釋。或彼唯說利鈍障品俱起二愚。(一)彼麤重言顯彼二種或二所起無堪任性。如入二定說斷苦根所斷苦根雖非現種

(一)安慧釋前解輕安心所云。粗重謂是身心無堪任性。又是雜染法之種子。與此解同。

而名麤重，此亦應然，後麤重言例此應釋。雖初地所斷實通二障，而異生性障意取所知，說十無明非染汙故，無明卽是十障品愚。二乘亦能斷煩惱障，彼是共故非此所說。又十無明不染汙者唯依十地修所斷說。雖此位中亦伏煩惱斷彼麤重而非正意，不斷隨眠故此不說。理實初地修道位中亦斷俱生所知一分，然今且說最初斷者，後九地斷準此應知。住滿地中時既淹久，理應進斷所應斷障，不爾三時道應無別。故說菩薩得現觀已復於十地修道位中唯修永滅所知障道，留煩惱障助願受生，非如二乘速趣圓寂，故修道位不斷煩惱，將成佛時方頓斷故。

二邪行障，謂所知障中俱生一分及彼所起誤犯三業。彼障二地極淨尸羅，入二地時便能永斷。由斯二地說斷二愚及彼麤重，一微細誤犯愚，卽是此中俱生一分，二種種業趣愚，卽彼所起誤犯三業，或唯起業不了業愚。

三闇鈍障，謂所知障中俱生一分令所聞思修法忘失。彼障三地勝定總持及彼所發殊勝三慧，入三地時便能永斷。由斯三地說斷二愚及彼麤重，一欲貪愚，卽是此中能障勝定及修慧者，彼昔多與欲貪俱故名欲貪愚。今得勝定及修所成。彼既永斷欲貪隨伏。此無始來依彼轉故。二圓滿聞持陀羅尼愚。卽是此中能障總持聞思慧者。四微細煩惱現行障。謂所知障中俱生一分第六識俱身見等攝。最下品故。不作意緣故。遠隨現行故。說名微細。彼障四地菩提分法。入四地時便能永斷。彼昔多與第六識中任運而生執我見等同體起故說煩惱名。今四地中既得無漏菩提分法。彼便永滅。此我見等亦永不行。初二三地行施戒修相同世間。四地修得菩提分法方名出世。故能永害二身見等。寧知此與第六識俱。第七識俱執我見等與無漏道性相違故。八地以去方永不行。七地以來猶得現起。與餘煩惱爲依持故。此麤彼細伏有前後。故此但與第六相應。身見等言亦攝無始所知障攝定愛法愛。彼定法愛三地尚增。入四地時方能永斷。菩提分法特違彼故。由斯四地說斷二愚及彼麤重。一等至愛愚。卽是此中定愛俱者。二法愛愚。卽是此中法愛俱者。所知障攝二愚斷故。煩惱二愛亦永不行。五於下乘般涅槃障。謂所知障中俱生一分。令厭生死樂趣涅槃。同下二乘厭苦欣滅。彼障五地無差別道。入五地時便能永斷。由斯五地說斷二愚及彼麤重。一純作意背生死愚。即是此中厭生死者。二純作意向涅槃愚。即是此中樂涅槃者。六麤相現行障。謂所知障中俱生一分執有染淨麤相現行。彼障六地無染淨道。入六地時便能永斷。由斯六地說斷二愚及彼麤重。一現觀察行流轉愚。即是此中執有染者諸行流轉染分攝故。二相多現行愚。即是此中執有淨者取淨相故。相觀多行未能多時住無相觀。七細相現行障。謂所知障中俱生一分執有生滅細相現行。彼障七地妙無相道。入七地時便能永斷。由斯七地說斷二愚及彼麤重。一細相現行愚。即是此中執有生者猶取流轉細生相故。二純作意求無相愚。即是此中執有滅者尚取還滅細滅相故。純於無相作意勤求未能空中起有勝行。八無相中作加行障。謂所知障中俱生一分令無相觀不任運起。前之五地有相觀多無相觀少。於第六地有相觀少無相觀多。第七地中純無相觀雖恆相續而有加行。由無相中有加行故未能任運現相及土。如是加行障八地中無功用道。故若得入第八地時便能永斷。彼永斷故得二自

〔一〕原刻此下衍中不二一字。今依述記卷五十七及麗刻删。

在。由斯八地說斷二愚及彼麤重，一於無相作功用愚，二於相自在愚，令於相中不自在故，此亦攝土相一分故。八地以上純無漏道任運起故，三界煩惱永不現行，第七識中細所知障猶可現起，生空智果不違彼故。九利他中不欲行障，謂所知障中俱生一分令於利樂有情事中不欲勤行樂修己利。彼障九地四無礙解，入九地時便能永斷。由斯九地說斷二愚及彼麤重，一於無量所說法無量名句字後後慧辯陀羅尼自在愚，於無量所說法陀羅尼自在者謂義無礙解即於所詮總持自在，於一義中現一切義故，於無量名句字陀羅尼自在者謂法無礙解即於能詮總持自在，於一名句字中現一切名句字故，於後後慧辯陀羅尼自在者謂詞無礙解即於言音展轉訓釋總持自在，於一音聲中現一切音聲故，二辯才自在愚辯才自在者謂辯無礙解，善達機宜巧爲說故。愚能障此四種自在，皆是此中第九障攝。十於諸法中未得自在障，謂所知障中俱生一分令於諸法不得自在。彼障十地大法智雲及所含藏所起事業。入十地時便能永斷。由斯十地說斷二愚及彼麤重，一大神通愚、即是此中障所起事業者、二悟入微細祕密愚、即是此中障大法智雲及所含藏者。此地於法雖得自在而有餘障未名最極、謂有俱生微所知障及有任運煩惱障種。金剛喻定現在前時彼皆頓斷、入如來地。由斯佛地說斷二愚及彼麤重、一於一切所知境極微細著愚、即是此中微所知障、二極微細礙愚、即是此中一切任運煩惱障種。故集論說得菩提時頓斷煩惱及所知障成阿羅漢及成如來、證大涅槃大菩提故。

成唯識論卷第九

成唯識論卷第十

護法等菩薩造

唐三藏法師玄奘奉詔譯

此十一障二障所攝。煩惱障中見所斷種於極喜地見道初斷。彼障現起地前已伏。修所斷種金剛喻定現在前時一切頓斷。彼障現起地前漸伏。初地以上能頓伏盡令永不行。如阿羅漢由故意力前七地中雖暫現起而不爲失。八地以上畢竟不行。所知障中見所斷種於極喜地見道初斷。彼障現起地前已伏。修所斷種於十地中漸次斷滅金剛喻定現在前時方永斷盡。彼障現起地前漸伏。乃至十地方永伏盡。八地以上六識俱者不復現行無漏觀心及果相續能違彼故。第七俱者猶可現行法空智果起位方伏。前五轉識設未轉依無漏伏故障不現起。雖於修道十地位中皆不斷滅煩惱障種。而彼麤重亦漸斷滅。由斯故說二障麤重一一皆有三位斷義。雖諸位中皆斷麤重。而三位顯是故偏說。

斷二障種漸頓云何。第七識俱煩惱障種

三乘將得無學果時一剎那中三界頓斷。所知障種將成佛時一剎那中一切頓斷。任運內起無麤細故。餘六識俱煩惱障種見所斷者三乘見位真見道中一切頓斷。修所斷者隨其所應一類二乘三界九地一一漸次九品別斷。一類二乘三界九地合為一聚九品別斷。菩薩要起金剛喻定一剎那中三界頓斷。所知障種初地初心頓斷一切見所斷者。修所斷者後於十地修道位中漸次而斷。乃至正起金剛喻定一剎那中方皆斷盡。通緣內外麤細境生品類差別有衆多故。二乘根鈍漸斷障時必各別起無間解脫加行勝進或別或總。菩薩利根漸斷障位非要別起無間解脫。剎那剎那能斷證故。加行等四剎那剎那前後相望皆容具有。十真如者。一徧行真如。謂此真如二空所顯無有一法而不在故。二最勝真如。謂此真如具無邊德於一切法最為勝故。三勝流真如。謂此真如所流教法於餘教法極為勝故。四無攝受真如。謂此真如無所繫屬非我執等所依取故。五類無別真如。謂此真如類無差別非如眼等類有異故。六無染淨真如。謂此真如本性無染亦不可說後方淨故。七法無別真如，謂此真如雖多教法種種安立而無異故。八不增減真如，謂此真如離增減執不隨淨染有增減故，卽此亦名相土自在所依真如，謂若證得此真如已現相現土俱自在故。九智自在所依真如，謂若證得此真如已於無礙解得自在故。十業自在等所依真如，謂若證得此真如已普於一切神通作業總持定門皆自在故。雖真如性實無差別，而隨勝德假立十種。雖初地中已達一切，而能證行猶未圓滿，爲令圓滿後後建立。如是菩薩於十地中勇猛修行十種勝行，斷十重障，證十真如，於二轉依便能證得。轉依位別略有六種：一損力益能轉，謂初二位，由習勝解及慚愧故，損本識中染種勢力，益本識內淨種功能，雖未斷障種實證轉依，而漸伏現行亦名爲轉。二通達轉，謂通達位，由見道力通達真如，斷分別生二障麤重，證得一分真實轉依。三修習轉，謂修習位，由數修習十地行故，漸斷俱生二障麤重，漸次證得真實轉依。攝大乘中說通達轉在前六地，有無相觀通達真俗間雜現前，令真非真現不現故，說修習轉在後四地，純無相觀長時現前，勇猛修習斷餘麤重，多令非真不顯現故。四果圓滿轉，謂究竟位，由三大劫阿僧企耶修習無邊難行勝行，金剛喻定現在前時（一）永斷本來一切麤重，頓證佛果圓滿轉依，窮未來際利樂無盡。五下劣轉，謂二乘位專求自利，厭苦欣寂，唯能通達生空真如，斷煩惱種，證真擇滅，無勝堪能，名下劣轉。六廣大轉，謂大乘位爲利他故，趣大菩提，生死涅槃俱無欣厭，具能通達二空真如，雙斷所知煩惱障種，頓證無上菩提涅槃，有勝堪能，名廣大轉。此中意說廣大轉依，捨二麤重而證得故。轉依義別略有四種。一能轉道。此復有二。一能伏道，謂伏二障隨眠勢力，令不引起二障現行。此通有漏無漏二道，加行根本後得三智，隨其所應漸頓伏彼。二能斷道，謂能永斷二障隨眠。此道定非有漏加行。有漏曾習相執所引未泯相故，加行趣求所證所引未成辦故。一解有義根本無分別智親證二空所顯真理，無境相故，能斷隨眠。後得不然，故非斷道。二解有義後得無分別智雖不親證二空真理，無力能斷迷理隨眠，而於安立非安立相明了現前，無倒證故，亦能永斷迷事隨眠。故瑜伽說修道位中有出世斷道，世出世斷道，無純世間道能永害隨眠。是

（一）原刻作待，今依述記卷五十八及麗刻改。

曾習故。相執引故。由斯理趣諸見所斷及修所斷迷理隨眠唯有根本無分別智親證理故能正斷彼。餘修所斷迷事隨眠根本後得俱能正斷。二所轉依。此復有二。一持種依。謂根本識。由此能持染淨法種與染淨法俱爲所依。聖道轉令捨染得淨。餘依他起性雖亦是依。而不能持種故此不說。二迷悟依。謂真如。由此能作迷悟根本。諸染淨法依之得生。聖道轉令捨染得淨。餘雖亦作迷悟法依。而非根本故此不說。三所轉捨。此復有二。一所斷捨。謂二障種。真無間道現在前時障治相違彼便斷滅永不成就說之爲捨。彼種斷故不復現行妄執我法。所執我法不對妄情亦說爲捨。由此名捨徧計所執。二所棄捨。謂餘有漏劣無漏種。金剛喻定現在前時引極圓明純淨本識非彼依故皆永棄捨。彼種捨已現有漏法及劣無漏畢竟不生。既永不生亦說爲捨。由此名捨生死劣法。一解有義所餘有漏法種及劣無漏金剛喻定現在前時皆已棄捨。與二障種俱時捨故。二解有義爾時猶未捨彼。與無間道不相違故。菩薩應無生死法故。此位應無所熏識故。住無間道應名佛故。後解脫道應無用故。由此應知餘有漏等解脫道起方棄捨之。第八淨識非彼依故。四所轉得。此復有二。一所顯得。謂大涅槃。此雖本來自性清淨而由客障覆令不顯。真聖道生斷彼障故令其相顯名得涅槃。此依真如離障施設。故體卽是清淨法界。涅槃義別略有四種。一本來自性清淨涅槃。謂一切法相真如理。雖有客染而本性淨。具無數量微妙功德。無生無滅湛若虛空。一切有情平等共有。與一切法不一不異。離一切相一切分別。尋思路絕名言道斷。唯真聖者自內所證。其性本寂故名涅槃。二有餘依涅槃。謂卽真如出煩惱障。雖有微苦所依未滅。而障永寂故名涅槃。三無餘依涅槃。謂卽真如出生死苦。煩惱既盡餘依亦滅。衆苦永寂故名涅槃。四無住處涅槃。謂卽真如出所知障。大悲般若常所輔翼。由斯不住生死涅槃。利樂有情窮未來際。用而常寂故名涅槃。一切有情皆有初一。二乘無學容有前三。唯我世尊可言具四。如何善逝有有餘依。雖無實依而現似有。或苦依盡說無餘依。非苦依在說有餘依。是故世尊可言具四。若聲聞等有無餘依。如何有處說彼非有。有處說彼都無涅槃。豈有餘依彼亦非有。然聲聞等身智在時有所知障。苦依未盡圓寂義隱說無涅槃。非彼實無煩惱障盡所顯真理有餘涅槃。爾時未證無餘圓寂故亦說彼無無餘依。非彼後時滅身智已無苦依盡無餘涅槃。或說二乘無涅槃者依無住處。不依前三。又說彼無無餘依者。依不定姓二乘而說。彼纔證得有餘涅槃決定迴心求無上覺由定願力留身久住。非如一類入無餘依。謂有二乘深樂圓寂得生空觀親證真如永滅感生煩惱障盡顯依真理有餘涅槃。彼能感生煩惱盡故後有異熟無由更生。現苦所依任運滅位餘有爲法既無所依與彼苦依同時頓捨。顯依真理無餘涅槃。爾時雖無二乘身智而由彼證可說彼有。此位唯有清淨真如離相湛然寂滅安樂依斯說彼與佛無差。但無菩提利樂他業故復說彼與佛有異。諸所知障既不感生。如何斷彼得無住處。彼能隱覆法空真如令不發生大悲般若窮未來際利樂有情。故斷彼時顯法空理。此理即是無住涅槃。令於二邊俱不住故。若所知障亦障涅槃。如何斷彼不得擇滅。擇一解滅離縛。彼非縛故。既爾斷彼寧得涅槃。非諸涅槃皆擇滅攝。不爾性淨應非涅槃。能縛有情住生死者斷此說得擇滅無爲，諸所知障不感生死非如煩惱能縛有情，故斷彼時不得擇滅。然斷彼故法空理顯，此理相寂說爲涅槃，非此涅槃擇滅爲性，故四圓寂諸無爲中初後卽真如中二擇滅攝。若唯斷縛得擇滅者，不動等二四中誰攝。非擇滅攝，說暫離故，擇滅無爲唯究竟滅，有非擇滅非永滅故。或無住處亦擇滅攝，由真擇力滅障得故。擇滅有二，一滅縛得，謂斷感生煩惱得者，二滅障得，謂斷餘障而證得者，故四圓寂諸無爲中初一卽真如後三皆擇滅。不動等二暫伏滅者非擇滅攝，究竟滅者擇滅所攝。既所知障亦障涅槃，如何但說是菩提障，說煩惱障但障涅槃。豈彼不能爲菩提障。應知聖教依勝用說，理實俱能通障二果。如是所說四涅槃中唯後三種名所顯得。二所生得，謂大菩提。此雖本來有能生種，而所知障礙故不生，由聖道力斷彼障故令從種起名得菩提。起已相續窮未來際，此卽四智相應心品。云何四智相應心品。一大圓鏡智相應心品，謂此心品離諸分別，所緣行相微細難知，不忘不愚一切境相，性相清淨離諸雜染，純淨圓德現種依持，能現能生身土智影，無間無斷窮未來際，如大圓鏡現衆色像。二平等性智相應心品，謂此心品觀一切法自他有情悉皆平等，大慈悲等恆共相應，隨諸有情所樂示現受用身土影像差別，妙觀察智不共所依，無住涅槃之所建立，一味相續窮未來際。三妙觀察智相應心品，謂此心品善觀諸法自相共相無礙而轉，攝觀無量總持定門及所發生功德珍寶，於大衆會能現無邊作用差別皆得自在，雨大法雨斷一切疑，令諸有情皆獲利樂。四成所作智相應心品，謂此心品爲欲利樂諸有情故普於十方示現種種變化三業，成本願力所應作事。如是四智相應心品雖各定有二十二法能變所變種現俱生，而智用增以智名顯。故此四品總攝佛地一切有爲功德皆盡。此轉有漏八七六五識相應品如次而得，智雖非識而依識轉，識爲主故說轉識得。又有漏位智劣識強，無漏位中智強識劣，爲勸有情依智捨識，故說轉八識而得此四智。（一解）大圓鏡智相應心品有義菩薩金剛喻定現在前時即初現起，異熟識種與極微細所知障種俱時捨故，若圓鏡智爾時未起便無能持淨種識故。（二解）有義此品解脫道時初成佛故乃得初起．異熟識種金剛喻定現在前時猶未頓捨．與無間道不相違故．非障有漏劣無漏法但與佛果定相違故．金剛喻定無所熏識無漏不增應成佛故．由斯此品從初成佛盡未來際相續不斷．持無漏種令不失故。平等性智相應心品菩薩見道初現前位違二執故方得初起．後十地中執未斷故有漏等位或有間斷．法雲地後與淨第八相依相續盡未來際。妙觀察智相應心品生空觀品二乘見位亦得初起．此後展轉至無學位或至菩薩解行地終或至上位若非有漏或無心時皆容現起．法空觀品菩薩見位方得初起．此後展轉乃至上位若非有漏生空智果或無心時皆容現起。成所作智相應心品一解有義菩薩修道位中後得引故亦得初起。二解有義成佛方得初起．以十地中依異熟識所變眼等非無漏故．有漏不共必俱同境根發無漏識理不相應故．此二於境明昧異故。由斯此品要得成佛依無漏根方容現起．而數間斷作意起故。此四種性雖皆本有而要熏發方得現行．因位漸增佛果圓滿．不增不減盡未來際．但從種生不熏成種．勿前佛德勝後佛故。大圓鏡智相應心品（一解）有義但緣真如爲境．是無分別．非後得智．行相所緣不可知故。（二解）有義此品緣一切法．莊嚴論說大圓鏡智於一切境不愚迷故．佛地經說如來鏡智諸處境識衆像現故．又此決定緣無漏種及身土等諸影像故．行緣微細說不可知如阿賴耶亦緣俗故。緣真如故是無分別．緣餘境故後得智攝．其體是一隨用分二．了俗由證真故說爲後得．餘一分二準此應知。平等性智相應心品（一解）有義但緣第八淨識．如染第七緣藏識故。（二解）有義但緣真如爲境．緣一切法平等性故。（三解）有義徧緣真俗爲境．佛地經說平等性智證得十種平等性故．莊嚴論說緣諸有情自他平等隨他勝解示現無邊佛影像故．由斯此品通緣真俗二智所攝於理無違。妙觀察智相應心品緣一切法自相共相皆無障礙．二智所攝。成所作智相應心品（一解）有義但緣五種現境．莊嚴論說如來五根一一皆於五境轉故。（二解）有義此品亦能徧緣三世諸法不違正理．佛地經說成所作智起作三業諸變化事．決擇有情心行差別領受去來現在等義．若不徧緣無此能故。然此心品隨意樂力或緣一法或二或多．且說五根於五境轉不言唯爾故不相違。隨作意生緣事相境起化業故後得智攝。此四心品雖皆徧能緣一切法而用有異。謂鏡智品現自受用身淨土相持無漏種。平等智品現他受用身淨土相。成事智品能現變化身及土相。觀察智品觀察自他功能過失雨大法雨破諸疑網利樂有情。如是等門差別多種。此四心品名所生得。此所生得總名菩提。及前涅槃名所轉得。雖轉依義總有四種。而今但取二所轉得。頌說證得轉依言故。此修習位說能證得非已證得因位攝故。

後（二）究竟位其相云何。頌曰。

此即無漏界。不思議善常。（三）安樂解脫身。（四）大牟尼名法。三〇。

論曰。（五）前修習位所得轉依應知即是究竟位相。此謂此前二轉依果即是究竟無漏界攝。諸漏永盡非漏隨增性淨圓明故名無漏。界是藏義。此中含容無邊希有大功德故。或（六）是因義。能生五乘世出世間利樂事故。

清（七）淨法界可唯無漏攝。四智心品如何唯無漏。道諦攝故唯無漏攝。謂佛功德及身

（一）原刻作令。今依述記卷五十九及麗刻改。（二）安慧釋此頌合上爲一章解。不別生起。（三）梵藏本作堅定。dhruva, brtan （四）勘梵藏本此句云名大牟尼之法。今譯文倒。（五）安慧釋云。此即無漏界者。說轉依又自性無粗重故。離諸漏故。（六）此解糅安慧釋。（七）此下廣辨。安慧釋無文。

土等皆是無漏種性所生．有漏法種已永捨故．雖有示現作生死身業煩惱等似苦集諦而實無漏道諦所攝。集論等說十五界等唯是有漏．如來豈無五根五識五外界等．（一解）有義如來功德身土甚深微妙非有非無離諸分別絕諸戲論．非界處等法門所攝．故與彼說理不相違。（二解）有義如來五根五境妙定生故法界色攝．非佛五識雖依此變然麤細異非五境攝．如來五識非五識界．經說佛心恆在定故．論說五識性散亂故。成所作智何識相應．第六相應．起化用故。與觀察智性有何別．彼觀諸法自共相等．此唯起化．故有差別。此二智品應不並生．一類二識不俱起故．許不並起於理無違．同體用分俱亦非失。或與第七淨識相應．依眼等根緣色等境是平等智作用差別．謂淨第七起他受用身土相者平等品攝．起變化者成事品攝。豈不此品轉五識得．非轉彼得體即是彼．如轉生死言得涅槃不可涅槃同生死攝．是故於此不應爲難。（三解）有義如來功德身土如應攝在蘊處界中．彼三皆通有漏無漏。集論等說十五界等唯有漏者．彼依二乘麤淺境說．非說一切．謂餘成就十八界中唯有後三通無漏攝。佛成就者雖皆無漏而非二乘所知境攝。然餘處說佛功德等非界等者。不同二乘劣智所知界等相故。理必應爾。所以者何。說有爲法皆蘊攝故。說一切法界處攝故。十九界等聖所遮故。若絕戲論便非界等。亦不應說卽無漏界善常安樂解脫身等。又處處說轉無常蘊獲得常蘊。界處亦然。寧說如來非蘊處界。故言非者是密意說。又說五識性散亂者。說餘成者非佛所成。故佛身中十八界等皆悉具足。而純無漏。

此(一)轉依果又不思議。超過尋思言議道故。微妙甚深自內證故。非諸世間喻所喻故。此(二)又是善。白法性故。清淨法界遠離生滅極安隱故。四智心品妙用無方極巧便故。二種皆有順益相故。違不善故。俱說爲善。論說處等八唯無記。如來豈無五根三境。此中三釋。廣說如前。一切如來身土等法皆滅道攝故。唯是善。聖說滅道唯善性故。說佛土等非苦集故。佛識所變有漏不善無記相等。皆從無漏善種所生無漏善攝。(三)此又是常。無盡期故。清淨法界無生無滅性無變易故。說爲常。四智心品所依常故。無斷盡故。亦說

(一)此解糅安慧釋。(二)此解三句糅安慧釋。(三)此解三句糅安慧釋。

爲常．非自性常．從因生故．生者歸滅一向記[一]故．不見色心非無常故．然四智品由本願力所化有情無盡期故．窮未來際無斷無盡。[二]此又安樂．無逼惱故．清淨法界衆相寂靜故名安樂．四智心品永離惱害故名安樂．此二自性皆無逼惱及能安樂一切有情故二轉依俱名安樂。[三]二乘所得二轉依果唯永遠離煩惱障縛無殊勝法故但名解脫身．大覺世尊成就無上寂默法故名大牟尼。[四]此牟尼尊所得二果永離二障亦名法身．無量無邊力無畏等大功德法所莊嚴故。體依聚義總說名身．故此法身五法爲性．非淨法界獨名法身．二轉依果皆此攝故。

如[五]是法身有三相別。一自性身．謂諸如來真淨法界．受用變化平等所依．離相寂然絕諸戲論．具無邊際真常功德．是一切法平等實性．卽此自性亦名法身．大功德法所依止故。二受用身．此有二種。一自受用．謂諸如來三無數劫修集無量福慧資糧所起無邊真實功德及極圓淨常徧色身．相續湛然盡未來際恆自受用廣大法樂。二他受用．謂諸如來由平等智示現微妙淨功德身．居純淨土爲住十地諸菩薩衆

(一)原刻作說．今依述記卷六十及麗刻改． (二)安慧釋云．安樂者．由常性故．無常則苦故． (三)此段糅安慧釋． (四)此句糅安慧釋． (五)此下廣辨身土．安慧釋無文．

現大神通轉正法輪決衆疑網。令彼受用大乘法樂。合此二種名受用身。三變化身。謂諸如來由成事智變現無量隨類化身居淨穢土爲未登地諸菩薩衆二乘異生稱彼機宜現通說法令各獲得諸利樂事。以五法性攝三身者。（一解）有義初二攝自性身。經說真如是法身故。論說轉去阿賴耶識得自性身圓鏡智品轉去藏識而證得故。中二智品攝受用身說平等智於純淨土爲諸菩薩現佛身故說觀察智大集會中說法斷疑現自在故。說轉諸轉識得受用身故。後一智品攝變化身說成事智於十方土現無量種難思化故。又智殊勝具攝三身故知三身皆有實智。（二解）有義初一攝自性身。說自性身本性常故。說佛法身無生滅故。說證因得非生因故。又說法身諸佛共有徧一切法猶若虛空無相無爲非色心故。然說轉去藏識得者。謂由轉滅第八識中二障麤重顯法身故。智殊勝中說法身者。是彼依止彼實性故。自性法身雖有真實無邊功德而無爲故。不可說爲色心等物。四智品中真實功德鏡智所起常徧色身攝自受用。平等智品所現佛身攝他受用。成事智品所現隨類種種身相攝變化身。說圓鏡智是受用佛轉諸轉識得受用故．雖轉藏識亦得受用．然說轉彼顯法身故於得受用略不說之。又說法身無生無滅唯證因得非色心等圓鏡智品與此相違．若非受用屬何身攝．又受用身攝佛不共有爲實德．故四智品實有色心皆受用攝。又他受用及變化身皆爲化他方便示現．故不可說實智爲體。雖說化身智殊勝攝而似智現或智所起假說智名體實非智．但說平等成所作智能現受用三業化身．不說二身卽是二智．故此二智自受用攝。然變化身及他受用雖無真實心及心所而有化現心心所法．無上覺者神力難思．故能化現無形質法。若不爾者云何如來現貪瞋等．久已斷故．云何聲聞及傍生等知如來心．如來實心等覺菩薩尙不知故。由此經說化無量類皆令有心．又說如來成所作智化作三業．又說變化有依他心依他實心相分現故．雖說變化無根心等而依餘說不依如來．又化色根心心所法無根等用故不說有。如是三身雖皆具足無邊功德而各有異．謂自性身唯有真實常樂我淨離諸雜染衆善所依無爲功德．無色心等差別相用．自受用身具無量種妙色心等真實功德，若他受用及變化身唯具無邊似色心等利樂他用化相功德。又自性身正自利攝，寂靜安樂無動作故，亦兼利他，爲增上緣令諸有情得利樂故，又與受用及變化身爲所依止故俱利攝。自受用身唯屬自利。若他受用及變化身唯屬利他，爲他現故。又自性身依法性土，雖此身土體無差別而屬佛法相性異故，此佛身土俱非色攝，雖不可說形量小大，然隨事相其量無邊，譬如虛空徧一切處。自受用身還依自土，謂圓鏡智相應淨識由昔所修自利無漏純淨佛土因緣成熟，從初成佛盡未來際相續變爲純淨佛土，周圓無際衆寶莊嚴，自受用身常依而住。如淨土量身量亦爾，諸根相好一一無邊，無限善根所引生故。功德智慧既非色法，雖不可說形量大小，而依所證及所依身亦可說言徧一切處。他受用身亦依自土，謂平等智大慈悲力由昔所修利他無漏純淨佛土因緣成熟，隨住十地菩薩所宜變爲淨土，或小或大或劣或勝前後改轉，他受用身依之而住，能依身量亦無定限。若變化身依變化土，謂成事智大慈悲力由昔所修利他無漏淨穢佛土因緣成熟。隨未登地有情所宜化爲佛土或淨或穢或小或大前後改轉。佛變化身依之而住。能依身量亦無定限。」自性身土一切如來同所證故體無差別。自受用身及所依土雖一切佛各變不同而皆無邊不相障礙。餘二身土隨諸如來所化有情有共不共。所化共者同處同時諸佛各變爲身爲土形狀相似不相障礙。展轉相雜爲增上緣。令所化生自識變現謂於一土有一佛身爲現神通說法饒益。於不共者唯一佛變。諸有情類無始時來種姓法爾更相繫屬。或多屬一或一屬多。故所化生有共不共。不爾多佛久住世間各事劬勞實爲無益一佛能益一切生故。」此諸身土若淨若穢無漏識上所變現者同能變識俱善無漏純善無漏因緣所生。是道諦攝非苦集故。蘊等識相不必皆同。三法因緣雜引生故。有漏識上所變現者同能變識皆是有漏。純從有漏因緣所生。是苦集攝非滅道故。善等識相不必皆同。三性因緣雜引生故。蘊等同異類此應知。不爾應無五十二等。二解然相分等依識變現。非如識性依他中實。不爾唯識理應不成。許識內境俱實有故。二解或識相見等從緣生俱依他起。虛實

如識。唯言遣外不遮内境。不爾真如亦應非實。内境與識既並非虚。如何但言唯識

非境。識唯内有境亦通外。恐濫外故但言唯識。或諸愚夫迷執於境起煩惱業生死

沈淪。不解觀心勤求出離。哀愍彼故說唯識言令自觀心解脱生死。非謂内境如外

都無。或相分等皆識爲性。由熏習力似多分生。真如亦是識之實性。故除識性無別

有法。此中識言亦說心所。心與心所定相應故。

此論三分成立唯識。是故說爲成唯識論。亦說此論名淨唯識。顯唯識理極明淨故。此

本論名唯識三十。由三十頌顯唯識理乃得圓滿非增減故。

已依聖教及正理　分別唯識性相義。　所獲功德施羣生　願共速登無上覺。

成唯識論卷第十

成唯識論後序

唐吳興沈玄明撰

原夫覺海澂玄。涵萬流而濬宗極。神幾闡妙。被衆象而凝至真。朗慧日而鏡六幽。洩慈雲而滯八寓。演一音而懸解。逸三乘以遐騖。體陳如之半器。津有有於鹿園。照善現之滿機。繹空空於鷲嶺。雖絶塵於常斷。詎遺筌於有空。顯無上之靈宗。凝中道於茲教。逮金河滅景。派淳源而不追。玉牒霏華。緒澆風而競扇。於是二十八見。迷(一)桑鴈於五天。一十六師。亂雲牛於四主。半千將聖。茲惟世親。寔賢劫之應真。晦生知以提化。飛光毓彩。誕暎資靈。曜常明於八蘊。藻初情於六足。秀談芝於俱舍。摽說有之餘宗。攝玄波於大乘。賁研空之至理。化方昇而照極。湛沖一於斯頌。唯識三十偈者。世親歸根之遺製也。理韜淵海。泛浮境於滎河。義鬱煙飆。麗虹章於玄圃。言含萬象。字苞千訓。妙旨天逸。邃彩星華。幽緒未宣。冥神絶境。孤明歛暎。祕思潛津。後有護法安慧等(二)十大菩薩。韞玄珠於八藏。聳層構於四園。宅照二因。棲清三觀。升暉十地。澄智水以潤賢林。鄰幾七覺。皎

(一)此二字原刻作喪鷹。今依麗刻改。(二)原刻作天。今依麗刻改。

行月而開重夜．優柔芳烈．景躅前修．箭涌泉言．風飛寶思．咸觀本頌．各裁斯釋．名曰成唯識論．或名淨唯識論。空心外之二取．息滯有之迷塗．有識內之一心．遣歸空之妄執．晦斯心境．苦海所以長淪．悟彼有空．覺岸於焉高蹈．九十外道．亂風轍而靡星旗．十八小乘軔𢧐軒而扶龍轂．窮神體妙．詣賾探機．精貫十支．洞該九分．顧十翼而摶仙羽．頻九流以濬瓊波．盡邃理之希微(一)．闡法王之奧典．稱謂雙絕．筌象兼忘。曜靈景於西申．閟虹光於震旦．濟物弘道．眇歸宗德。粵若大和上三藏法師玄奘．體睿舍真．履仁翔慧．九門禪宴．證靜於融山．八萬玄津．騰流於委海．疊金牆而月曜．峻玉宇而霞騫．軼芳粹於澄蘭．孕風華於龍翼．悼微言之匿彩．嗟大義之淪暉．用啓誓言(二)．肆茲遙踐。泳祥河之輟水．攀寶樹之低枝．循鏤杠以神遊．躪霎峯而安步．昇紫階而證道．瞰玄影以嚴因．採奧觀奇．徙蒼龍於二紀．緘檀篆貝．旋白馬於三秦。我大唐慶表金輪．禎資樞電．奄大千而光宅．御六辯以天飛．神化潛通．九仙賫寶．玄猷旁闡．百靈聳職．凝旒邃拱．杳通夢於霄暉．撥組摛華．煥騰文以幽贊。(三)爰降綸旨．溥令翻譯．勅尚書左僕射燕國公于志寧中書

(一)原刻作徵．今依麗刻改．

(二)原刻作上之．今依麗刻改．

(三)此二字原刻作玄奉．今依麗刻改．

令高陽公許敬宗等潤色。沙門釋神泰等證義。沙門釋靖邁等質文。肇自貞觀十九年。終於顯慶之末。部將六十卷。出一千。韜軼蓬萊。池湟環漱。載隆法寶。大啓羣迷。頌德序經。並紆宸藻。玄風之盛。未之前聞。粵以顯慶四年。龍棲叶洽。玄英應序。厥閏惟陽。糅茲十釋四千五百頌。彙聚羣分。各遵其本。合爲一部。勒成十卷。月窮於紀。銓綜云畢。精括詁訓。研詳夷夏。調驚韶律。藻掞天庭。白鳳甄奇。紫微呈瑞。遂使文同義異。若一師之製焉。斯則古聖今賢。其揆一也。三藏弟子基。鼎族高門。玉田華胄。壯年味道。綺日參玄。業峻林遠。識清雲鏡。閑儀玉瑩。淩道邃而澄明。逸韻蘭芳。掩法汰而飛辯。緒仙音於八梵。舞霄鶴以翔禎。擒麗範於九章。影桐鸞而絢藻。昇光譯侶。俯潛睿而融暉。登彩義徒。顧猷暢而高視。秀初昕之旋景。晉燭玄儒。矯彌天之絕翰。騰邁真俗。親承四辯。言獎三明。疏發戶牖。浚導津涉。續(一)功資素。通理寄神。綜其綱領。甄其品第。兼撰義疏。傳之後學。庶(二)教蟠黃陸。跨合璧於龜疇。祥浮紫宮。掩連珠於麟籀。式罄庸謏。敘其宗致云。

(一)原刻作續今依麗刻改。(二)此字依麗刻加。

附錄唯識三十論(一)

由假說我法　有種種相轉。　彼依識所變。　此能變唯三。一

謂異熟思量。　及了別境識。　初阿賴耶識。　異熟一切種。二

不可知執受　處了。常與觸　作意受想思　相應。唯捨受。三

是無覆無記。　觸等亦如是。　恆轉如暴流。　阿羅漢位捨。四

次第二能變。　是識名末那。　依彼轉。緣彼。　思量爲性相。五

四煩惱常俱　謂我癡我見　幷我慢我愛。　及餘觸等俱。六

有覆無記攝。　隨所生所繫。　阿羅漢滅定　出世道無有。七

次第三能變。　差別有六種。　了境爲性相。　善不善俱非。八

此心所遍行。　別境。善煩惱。　隨煩惱。不定。　三受共相應。九

初遍行觸等。　次別境謂欲　勝解念定慧　所緣事不同。一〇

善謂信慚愧　無貪等三根　勤安不放逸　行捨及不害。一一

(一)宋麗元明各藏均載玄奘所譯唯識三十論一種。頌文而外兼出長行科段。勘西藏譯三十論及梵本安慧論釋。世親本論原無長行。玄奘所譯乃從護法等釋節出而題爲世親菩薩造。殊悖體製。今不從。但錄頌文以便讀釋。

煩惱謂貪瞋　癡慢疑惡見．　隨煩惱謂忿　恨覆惱嫉慳　一二

誑諂與害憍　無慚及無愧　掉舉與惛沈　不信幷懈怠　一三

放逸及失念　散亂不正知．　不定謂悔眠　尋伺二各二．　一四

依止根本識　五識隨緣現．　或俱或不俱　如濤波依水．　一五

意識常現起　除生無想天　及無心二定　睡眠與悶絕。　一六

是諸識轉變　分別所分別　由此彼皆無．　故一切唯識。　一七

由一切種識　如是如是變．　以展轉力故　彼彼分別生。　一八

由諸業習氣　二取習氣俱．　前異熟既盡　復生餘異熟。　一九

由彼彼徧計　徧計種種物．　此徧計所執　自性無所有。　二〇

依他起自性　分別緣所生。　圓成實於彼　常遠離前性．　二一

故此與依他　非異非不異．　如無常等性．　非不見此彼。　二二

即依此三性　立彼三無性．　故佛密意說　一切法無性。　二三

初卽相無性．次無自然性．後由遠離前．所執我法性．二四

此諸法勝義．亦卽是眞如．常如其性故．卽唯識實性。二五

乃至未起識．求住唯識性．於二取隨眠．猶未能伏滅。二六

現前立少物．謂是唯識性．以有所得故．非實住唯識。二七

若時於所緣．智都無所得．爾時住唯識．離二取相故。二八

無得不思議．是出世間智．捨二麤重故．便證得轉依。二九

此卽無漏界．不思議善常．安樂解脫身．大牟尼名法。三〇